Andreas Trölsch

Die Wanderung

Erzählung

Herstellung und Verlag:
BoD - Books on Demand, Norderstedt
ISBN 978-3-7392-3812-8

Besonderen Dank an

Frank W., Jürgen K., „Ute", „Käthe", Frank T.
meine Schweizer
meine „Agenten"
Prof. Dr. med. habil. Dipl.- Psych. D. Seefeldt
Michaela

alle Unterstützer

Vorwort

Naheliegend wäre es einen Kriminalroman in den Händen zu halten. Worüber sollte denn ein Berliner Polizist sonst schreiben? Nun, ich habe mich anders entschieden. In dreißig Dienstjahren haben mich immer wieder die gleichen Dinge gestört. Da wäre als Erstes dieses gegenseitige Unverständnis zwischen dem Auftraggeber, nämlich dem Steuerzahler und dem Polizisten. Seltsamer Weise verstehen die wenigsten Menschen, dass niemand anderes vor ihnen steht, als eben auch nur ein Mensch. Oft wird dem Polizisten auch ein eigener Anspruch unterstellt, der überhaupt gar nicht vorhanden ist. So wie jeder andere im Berufsleben auch, bekommt er eine Weisung erteilt und diese führt er aus,. Hinzu kommen gesetzliche Formalien und schlichte Erfordernisse des Grundgesetzes.

Besonders dramatisch wird es immer dann, wenn die Politik mit ins Spiel kommt. "Deutsche Polizisten schützen Faschisten!", wird regelmäßig bei Gegendemonstrationen skandiert. Das Problem dabei ist nur, viele der Kollegen mögen die rechten Demonstranten auch nicht, aber es ist nun einmal ihre Aufgabe, jedem Bürger seine Demonstrationsfreiheit zu ermöglichen, solange niemand sagt: Die Gruppierung ist verfassungsfeindlich! Wesentlich sinnvoller wäre eine Demonstration vor dem Bundesverfassungsgericht.

Ebenso liegt es in der Natur der Sache, dass sich niemand gerne in seiner Freiheit einschränken lassen will. Aber wie viele Eltern haben schon zu ihren Kindern gesagt: Mach das nicht! Überlege mal was passiert, wenn das jeder machen würde? Aber wie lautet die Standardantwort eines Autofahrers, der unberechtigter Weise in der zweiten Spur hält? Richtig! Kümmern Sie sich mal lieber um die richtigen Verbrecher! Dieses Argument war nie ein richtiges Argument und wird auch niemals eines werden. Es ist beinahe unnötig zu erwähnen, dass dieser Autofahrer eine Stunde später fordern wird: Wie

steht der denn da? Da müsste sich doch mal die Polizei drum kümmern. Der Autofahrer sagt diesen Satz vielleicht einmal die Woche, der Polizist bekommt ihn im Straßenverkehr quasi stündlich zu hören und ist irgendwann einmal vollkommen entnervt.
Hartnäckig hält sich auch das Vorurteil des dummen Polizisten, der nichts besseres gelernt hat, der stocksteife Beamte, der stets staatstreu ohne zu Hinterfragen seinen Dienst versieht. Ich habe diese Erzählung geschrieben um an der einen oder anderen Stelle Polizisten ein menschliches, vielleicht nicht immer sympathisches Gesicht zu geben.

Es ist aber auch die Geschichte eines Weges. Ein Weg, der an vielen Stellen zum Nachdenken angeregt hat und viel Stoff für Metaphern gab. Es obliegt jedem selbst, zu beurteilen, inwieweit eine Wanderung auch ein Stück weit das Leben selbst spiegelt. Es ist die Geschichte von zwei Männern, die sich dazu entschlossen, gemeinsam eine Wanderung durch die Pyrenäen zu unternehmen. Viele der folgenden aufgeschriebenen Erlebnisse und Gespräche, haben nicht unbedingt auf dieser einen Wanderung stattgefunden. Manches hätte so geschehen können oder ist an anderer Stelle passiert. Dieses Buch ist auch geschrieben in Gedanken an den einen oder anderen Mitstreiter in der Vergangenheit, der auch vor hatte seine Gedanken über unsere gemeinsame Zeit in einem besonderen Leben auf einer besonderen Dienststelle zu Papier zu bringen, aber leider vorher die Erfahrung machen musste, wie höhere Stellen vor lauter Angst die Skripte beschlagnahmen ließen.

In einigen Passagen musste ich aus rechtlichen Gründen auf die Schilderung von Details verzichten. Auch musste ich alle erwähnten Kollegen mit Synonymen schützen, da sie sich zu großen Teilen immer noch im aktiven Dienst befinden. Der Verzicht auf Details bedeutet aber nicht, dass die Ereignisse nicht stattgefunden haben.

In den Medien werden Polizisten, insbesondere Mitglieder von Spezialeinheiten sehr unterschiedlich dar gestellt. Da gibt es Sendeformate, in denen Spezialeinheiten über den Bildschirm rennen, Zivilfahnder die als Verdeckte Ermittler dargestellt werden, obwohl sie eigentlich nur für ein paar Stunden die Uniform ausgezogen haben oder Kommissare, die mal eben so „Under Cover" arbeiten. Mit Verlaub – alles Blödsinn.

Aber dieser Blödsinn hat seine Berechtigung, denn nichts ist vermutlich so langweilig wie die Realität. Ärgerlich finde ich nur, wenn der Anschein von Realität erzeugt werden soll. Niemand wird in einem amerikanischen Film auf die Idee kommen, ein Dirty Harry würde tatsächlich so auftreten, wie es in den Filmen geschildert wird. Jeder der mal einen 45er Revolver abgefeuert hat, weiß wovon ich schreibe. Es ist halt Unterhaltung. Leider ist das im Deutschen Fernsehen ein wenig anders.

Ich weiß nicht wie es Ihnen als Leser geht. Jedoch wie seltsam mutet es an, wenn im Fernsehen die Wohnung eines bewaffneten Straftäters erstürmt wird, die Spezialeinheit aussieht wie ein Haufen schwarzer Ritter und der Staatsanwalt rennt als erster in die Wohnung hinein?

Aber hierbei handelt es sich noch um eines der geringeren Probleme. Die folgende Erzählung verfolgt mehrere Richtungen. Als erstes ist sie ein Reisebericht über einen wirklich lohnenswerten Wanderweg, den ich wirklich nur jedem empfehlen kann. Zwischen den Zeilen ist sie eine Beschreibung von Menschen, die jeden Tag auf ein Neues versuchen, die Sicherheit der Bevölkerung zu gewährleisten. Die den Beruf des Polizisten immer als eine Berufung gesehen haben und deshalb weit über den Beruf hinaus viele private Opfer gebracht haben. Es ist auch der Versuch ein wenig Verständnis für diese Menschen zu erzeugen. Letztens sagte mal ein Vertreter der Linksradikalen Szene zu mir: Ich will diese Menschen gar nicht kennenlernen, einen Menschen den man kennt, kann man nicht mehr hassen. Ich glaube, da ist etwas dran.

Und neben diesen Beschreibungen ist die Erzählung auch eine Botschaft. Eben jene Botschaft über das Leben, die ich bereits erwähnte.

Wir liefen los ohne nennenswerte Erfahrungen. Wir packten unsere Rucksäcke mit lauter Sachen voll, die wir für wichtig erachteten. Am Ende hatte jeder von uns 25 kg Gepäck auf den Schultern. Während der Wanderung entledigten wir uns vieler unnützer Dinge. Wir versuchten erfolglos andere zu beraten, ebenfalls Ballast abzuwerfen. Oftmals hatten wir einen Plan, der sich am Ende als undurchführbar erwies, trotzdem endeten wir überraschender Weise an einem Ort, den wir uns nie hätten vorstellen können. Wir kämpften uns auf Pässe, nur um dann wieder hinab zu steigen und am nächsten Tag wieder empor zu klimmen. Nach und nach verstanden wir die Botschaft, dass das Leben an sich eine Wanderung ist.

Ich selbst habe diese Botschaft jahrelang ignoriert. Weder war ich bereit Ballast abzuwerfen, noch erkannte ich, wie ich jeden Tag neu den Berg anbrüllte: Beweg Dich! In den Niederungen war ich zu blind die Tatsache zu erkennen, dass ich einfach nur los laufen musste, um wieder nach oben auf den Pass zu kommen. Ich sah auch nicht die Unmöglichkeit ewig dort oben zu bleiben und erkannte nicht den Reiz des Abstiegs. Und unten ist nicht immer negativ. Unten ist manchmal auch einfach nur Ruhepause für den nächsten Aufstieg.

So wie wir auf der Wanderung einen Rucksack dabei hatten, so habe ich die Erzählung selbst als Rucksack im übertragenen Sinne benutzt. Ich habe die ersten Zeilen der Erzählung „unten" geschrieben und befinde mich jetzt gerade wieder auf dem Anstieg nach „oben"

Berlin, im Februar 2016

„Sobald die Leute nicht zur Polizei gehören und sobald sie nicht zur Polizei gerechnet werden möchten, fangen sie an, sehr liebe Geschöpfe zu werden, die ganz vernünftig denken und ganz normal fühlen können."
—B. Traven

Wir haben eine Idee

"Wer ans Ziel kommen will, kann mit der Postkutsche fahren, aber wer richtig reisen will, soll zu Fuß gehen." Jean-Jacques Rousseau

Geburtshelfer für das ursprüngliche Projekt „Wanderung durch die Pyrenäen" waren einige Feierabendbiere in einer kleinen Berliner Kneipe, in der wir uns damals gerne nach dem Dienst trafen und besonders unser Kamerad Kalle. Wir, das waren die Mitglieder des Mobilen Einsatzkommando Berlin, eine der in Berlin vorhandenen Spezialeinheiten zur Terrorismus- und Kriminalitätsbekämpfung.

Eine Einheit die 1974 unter dem Eindruck des Terrors einer Roten Armeefraktion gegründet wurde. Zunächst erkannten die Sicherheitsbehörden die Notwendigkeit der Errichtung einer Spezialeinheit zur Bekämpfung des Terrorismus. Eine Einheit, die gegen schwer bewaffnete Terroristen bestehen kann. Es hatte sich als unhaltbar erwiesen, Polizisten in Jogginghosen, Stahlhelmen und unzureichender Ausbildung versuchen zu lassen, den Terroristen im Olympia Dorf und auf dem Flughafen entgegen treten zu lassen. Der Ausgang der Befreiungsaktion ist bekannt.

Neben der Entscheidung parallel zur GSG9 Zugriffseinheiten in den einzelnen Bundesländern aufzustellen, zeigte sich die Erfordernis, spezialisierte Beamte einzusetzen, die dazu in der Lage waren, Terroristen bereits im Vorfeld einer Tat verdeckt zu beobachten. Später erweiterten sich die Aufgaben dieser neuen Einheit, genannt Mobiles Einsatzkommando, um die Bekämpfung der Organisierten Kriminalität und die Ermittlungen im Bereich der Schwerstkriminalität.

In den 90ziger Jahren des letzten Jahrtausends, ein furchtbarer Ausdruck, lag der Schwerpunkt tatsächlich ausschließlich in der Beobachtung der Täter und der von ihnen gebildeten Organisationen. Die Frauen und Männer des Mobilen Einsatzkommandos sahen nach so ziemlich allem aus, aber nicht nach Polizei. Im Regelfall gaben sie ihre Zugehörigkeit nicht einmal gegenüber ihren Familien und schon gar nicht innerhalb ihres Freundeskreis zu.

Einer, der quasi die ersten Stunden der Dienststelle in Berlin mitgemacht hatte, erzählte mir einmal von seinem ersten Tag in der Einheit. Er hatte sich beim Pförtner zum passenden Gebäude durchgefragt. Dort angelangt, sah er sich ein wenig um. Nach kurzer Zeit ging er wieder zum Haupteingang zurück und fragte erneut nach dem Weg, da im ersten Haus, welches er seiner Auffassung nach fälschlicher Weise betreten hatte, eine Therapieeinrichtung für Drogenabhängige untergebracht wäre.

Einer dieser „Drogenabhängigen" holte ihn dann mitleidig am Haupteingang wieder ab, und erklärte ihm, dass er sehr wohl richtig gewesen wäre.

Der zunehmende Kampf um finanzielle Mittel innerhalb der Bundesrepublik Deutschland und im Besonderen in den Bundesländern, bedingte auch für das Mobile Einsatzkommando Berlin die Notlage, die Einsatzerfolge zu veröffentlichen. Werbung bringt Geld und Zuwendungen, da unterscheidet sich eine Behörde nicht von der Freien Marktwirtschaft. Im gleichen Zuge verschlechterten sich innerhalb der Jahre die Möglichkeit einer Beförderung. Junge Beamte, auf der Suche nach Bestätigung, den sie per Dienstgrad nicht mehr erhielten, gingen dazu über, sich durch ihre Zugehörigkeit bei einer Spezialeinheit zu definieren. Und genau dieses wollten sie dann natürlich auch dem Rest der Welt zeigen.

Wer heute den Fernseher einschaltet, wird feststellen, es ist nur noch von Experten, Spezialisten und Eliteeinheiten die Rede. Beim erheblichen Imageverlust der Polizei in der Gesellschaft stellt sich kaum noch ein junger Beamter als ganz normaler ehrenwerter Polizist vor. Es muss schon etwas Außergewöhnliches sein. Kopfschüttelnd musste ich sogar ein paar von den Jungens dabei beobachten, wie sie mit eigens angefertigten Shirts, auf denen sich das frei erfundene Logo der Dienststelle befand, in einer Kneipe am Tresen saßen. Das Unterstatement der alten Tage hatte sich erledigt. Parallel hierzu beschloss die Polizeiführung, dass von den Observanten auch besonders gefährliche Täter festgenommen werden sollten. Hierfür ist aber ein bestimmter Typ Mensch notwendig und selbstverständlich besteht die Gefahr der Enttarnung. Ich denke dieses leuchtet fast jedem ein. Diese Entscheidung veränderte auch das Auftreten der Mitglieder. Wahrend zuvor der schlaksige Intellektuelle Typ gefragt war, liefen plötzlich durchtrainierte junge Burschen mit Sonnenbrillen durch die Gange.

Ich erinnere mich noch gut an ein Gespräch mit einem SEK Beamten, der mich schon Jahre persönlich kannte. Er selbst war für seine kompromisslose und manchmal auch brutale Vorgehensweise im Einsatz bekannt. Er ging frei nach dem alten einfachen höchst inoffiziellen Einsatzmotto vor: Kann man nicht essen, kann man nicht ficken ... kaputt machen. „Was ist da passiert bei Euch? Die sehen ja alle gleich aus. Fruher wart ihr coole Typen. Wenn ich in eine Kneipe gehe, gibt es nach einer Stunde Stress und ich zerlege den Laden. Du gehst hinein und nach funf Stunden trinken alle Bruderschaft mit Dir, so muss das sein!"

An dem Abend, als die Idee zu einer gemeinsamen Wanderung geboren wurde, saßen eben jene alten Kollegen zusammen, die die neue Entwicklung mit steigender Skepsis betrachteten. Ich kann nicht mehr sagen, wie viele Stunden wir gerade in dieser Zeit miteinander nach dem Dienst verbrachten und uns den Kopf heiß redeten. Besonders das Thema Islamistische Straftäter lieferte immer wieder neuen Stoff für Diskussionen. Das eine Lager wies darauf hin, dass die Bekämpfung dieser Täter in einem Anschlagsfall durchaus eine schon

nahezu militärische Ausbildung rechtfertigen würde.
Ich befand mich mehr im Lager der Skeptiker. Ich gehe im Falle eines Anschlages von zwei Optionen aus. Entweder der observierende Beamte ist Nahe am Geschehen, dann muss man sich über das Fortleben keinerlei Gedanken mehr machen oder eben meilenweit entfernt.

Vieles von dem, was wir damals diskutierten, ist heute aktueller als es jemals war. Ein vorstellbares Szenario machte mir damals schon immer am meisten Sorge. Einer unserer „Kunden", wie wir gerne unsere potentiellen Täter nannten, verließe sein Haus wie so oft auch schon davor. Doch dieses Mal enthielte sein Rucksack eine explosive Botschaft an die Kuffar, wie die Salafisten uns gerne bezeichnen. Ein Szenario, in dem man nur verlieren kann. Selbst wenn wir die Brisanz der Lage erkennen würden, hätten wir keine Chance. Denn den Abstand, den man zu einem entschlossenen Attentäter einhalten muss, hätten wir weder damals, noch heute mit der uns zur Verfügung stehenden Bewaffnung einhalten können.

Dies gilt im übrigen auch für Täter, die eine Kalaschnikow benutzen, wie gesagt, ich bin der Vertreter der Auffassung: Das Leben ist bisweilen sehr endlich! Eine sehr angenehme Besonderheit an diesem Abend war die Anwesenheit von Kalle. Kalle berichtete uns von seinem Marsch nach Venedig. Das war mal etwas vollkommen anderes. Der verrückte Kerl war tatsächlich innerhalb eines Sabbaticals von Berlin nach Venedig gelaufen. Als ich seinen Schilderungen zu horte, beschloss ich wenigstens einmal im Leben auf Wanderschaft zu gehen.

Ich wollte das auch erleben, Schritt für Schritt, Meter fur Meter eine tolle Landschaft kennen lernen. Geschichten erleben, fremden Menschen naher kommen, die von ihm bewunderte Gastfreundschaft gegenüber Wanderern kennen lernen und vor allem wollte ich das Kopfkino nachvollziehen, von dem er sprach. Ich wollte verstehen, wovon er redete. Ganz besonders wollte ich nachvollziehen, warum er an der einen oder anderen Stelle nichts erzählte, sondern uns fast mitleidig an sah. Dieser Blick eines Mannes, der still besagte, ich weiß Dinge, die ich euch nicht beschreiben kann.

Kaum hatte ich meinen Wunsch laut ausgesprochen, schloss sich Herman meinem Wunsch an. Ihm war es vollkommen egal, wo es lang gehen sollte. Seine Begeisterung galt allein dem Plan. Wenige Biere spater gab es einen Beschluss, es musste ein Teilabschnitt des GR10 sein. Was fur den einen der Triathlon auf Hawaii, dem anderen der Marathon in New York ist, stellt fur viele Wanderer der Grand Randonneur No. 10, kurz GR10, dar. Dieser Fernwanderweg geht einmal auf der franzosischen Seite quer durch die Pyrenaen. Wir trennten uns an diesem Abend mit der festen Bekundung: Wir machen das!

Wie erwähnt, die Planung oblag zunächst ausschließlich mir. Einzige wesentliche Übereinkunft zwischen Herman und mir war von Anfang an, auf die Benutzung unserer Mobiltelefone zu verzichten. Außerdem beschlossen wir, das Ende, sowie die Lange der einzelnen Tagesetappen nicht festzulegen. Wahrend ich mich im Winter um Literatur, Streckenplanung, Kartenmaterial und Anreise kummerte, beschrankte sich Herman auf die Zusammenstellung seiner Ausrüstung. Manchmal zweifelte ich ab dem Frühling etwas an seinem Verstand, wenn er bei Outdooraustattern Unsummen ausgab. Ich erwahne bereits hier, dass bis auf den GPS Tracker, nichts von den teuren Survival Gadgets in Berlin wieder ankam. Bis zum Ende des Winters, glaubten viele der eingeweihten Kollegen nicht an uns. Dennoch machten wir uns dann an einem Sommertag in Berlin mit Interrail Tickets auf den Weg. Zwei riesige Rucksacke, die Köpfe frisch rasiert, jede Menge „Gebamsel" am Rucksack und hoch motiviert. Wir sahen aus, als wüssten wir, was wir taten. In der jeweiligen Ausrüstung steckten immerhin etwas uber eintausend Euro.

Der erste Abschnitt der Anreise fuhrte uns nach Saarbrucken in eine Jugendherberge. Es war geplant nach einer Übernachtung Karten fur einen TGV in Richtung Paris zu kaufen. Allerdings war es denn doch nicht so einfach, wie ich es mir vorgestellt hatte. Der freundliche Berater der Bundesbahn erklarte uns, dass alle Zuge ausgebucht waren. Doch der Mann gab uns augenzwinkernd einen sehr einfachen Rat. "Steigen sie einfach ein, der Zug hat keinen Zwischenhalt." Wir verstanden.

Also befolgten wir diesen Rat dann auch wenig spater. Im Zug trafen wir auf einen gar nicht freundlichen französischen Kontrolleur, der auf uns einredete und unsere Zusatzbilletts fur den Schnellzug sehen wollte. Zur Verzweiflung des Kontrolleurs holte Herman auf jede Frage stoisch immer wieder seinen Personalausweis hervor und hielt diesen in die Höhe. Die beiden gaben wirklich ein sehr schönes Bild ab.

Er merkte, bei Herman würde er nicht weiter kommen, deshalb versuchte er anschließend mich in die Mangel zu nehmen. Da ich ganz gut Franzosisch spreche, war mir sehr wohl klar, was er von mir wollte. Es galt Verhandlungsgeschick zu entwickeln. Da war er bei mir genau richtig. Wozu hatte ich mich in meiner Jugend mehrfach durch Südfrankreich geschlagen? Ich entschloss mich zu einem Schachzug, der in Frankreich fast immer hilft. Ich fing an auf Englisch zu antworten. Als echter franzosischer Kontrolleur konnte er natürlich ebenso wenig, wie seine hinzu gerufene Kollegin, Englisch. Wenn zwei sich streiten, in dem Falle England und Frankreich, freut sich sich der Dritte. Ich!

Am Ende gab er auf. Er hielt mir einen Zettel vor die Nase. Darauf hatte er einen Betrag notiert, der deutlich unterhalb meiner Befurchtung angesiedelt war. Geht doch! In Paris mussten wir zwischen den beiden Bahnhofen Gard du l'Est und Gard du Nord wechseln, um unseren Anschlusszug nach Lourdes zu bekommen.

Bereits beim Kauf der Tickets bewahrte sich eine der vielen Eigenarten meines Reisebegleiters. Vor dem Fahrkartenschalter hatte sich eine sehr lange Schlange gebildet. Wir wiederum standen unter erheblichen Zeitdruck und mussten dringend in die Metro. Genau auf solche Opfer hatten sich einige auf der Metrostation herumlungernde junge Marokkaner spezialisiert. Aus einer funfkopfigen Gruppe strebte einer der jungen Kerle zugig auf uns zu . Er bot mir zwei echt aussehende Fahrscheine an. Nicht das ich wirklich gewusst hätte, wie ein echtes Billett auszusehen hat, aber irgendwie hat man so etwas im Gefühl. Meine Überraschung hielt sich trotzdem in Grenzen, als sich die Schranke dann doch nicht öffnete. Selbstverständlich wollte sich der Marokkaner mit unserem Geld aus dem Staub machen. Er scheiterte aber jämmerlich nach zwei Metern am taktisch gut positionierten Herman, der ihn mit einem ziemlich kräftigen Griff packte und per entschlossenen Blick seine Freunde in Schach hielt.

Es stellte sich heraus, sie hatten uns Ermäßigungskarten angedreht, die nur die Schleuse fur Rollstuhlfahrer öffnete. Wir hatten den Kumpel und die anderen das Know How schnell einen anderen Fahrschein aufzutreiben. Notgedrungen lieferten am Ende die Marokkaner zwei passende Karten als Lösegeld für ihren als Geisel genommenen Freund. „Ick bin ein Berliner Bulle, soweit kommt`s noch!" kommentierte Herman die ganze Aktion. Ohne weitere Vorkommnisse erreichten wir mit dem Regionalzug den südfranzösischen Wallfahrtsort Lourdes. Nicht erwähnenswert sind eine von Herman zurecht gewiesene französische Schulklasse, zwei vollkommen verschreckte Französinnen, die nicht begriffen hatten, wie Herman auf seine spezielle Art nur nett sein wollte und der gebrochene Finger eines Taschendiebs, der sich am Rucksack von Herman zu schaffen gemacht hatte.

Zwei dezent paramilitärisch wirkende Manner mit Safarihemden und Dreiviertel – Cargohosen, die sich zwei voluminöse Rucksacke auf die Schultern luden, im Wallfahrtsort Lourdes. Der Hotspot für Siechende, Gelähmte und Verzweifelte. Fur uns beide war Lourdes der Beginn einer Wanderung. Die Uberzahl der anderen Personen um uns herum, hatten hier ihr Ziel gefunden. Karawanen von Rollstuhlfahrern, rollenden Krankenbetten und gestützten Menschen aus allen Ländern zogen an uns vorbei. Ein etwas seltsamer, ich gebe zu, auch bedrückender Kontrast zu uns beiden.

Die großen Rucksacke, die fur zwei Monate alles beinhalteten, was wir glaubten zum Leben zu brauchen, zogen schwer an unseren Schultern. Da wir beide keinerlei Erfahrung mit dem Wandern hatten, befanden sich in den Rucksacken viel zu viel unnutzes Zeug, welches uns in den ersten Tage noch das Leben schwer machen sollte. Jeder Wanderer wird mir bestatigen, wie das Thema Inhalt eines Rucksack ein stets begleitender Gedanke ist.

Herman, mit seinen fast zwei Metern Korperlange gute 20 cm länger als ich, zundete sich seit Stunden die erste Zigarette an und beobachtete eher amusiert das Treiben um sich herum. Sein einziger trockener Kommentar war, „Verrückt!".

Ein weiterer Umstand, der Herman als Wanderpartner empfahl, war seine gnadenlose direkte einfache Art zu denken, somit wohltuend anders als ich unterwegs war. Im Gegensatz zu ihm, dachte ich zuviel. Was nicht bedeutet, dass er wenig dachte, halt anders.

Nun da standen wir also endlich am Start unserer Wanderung, noch eine kurze Busfahrt bis Arrens, welches uns zunächst mit besten Wetter empfing, und die ersten Schritte konnten gegangen werden. Die Etappe ließ uns zwar noch nicht die eigentliche GR10 Wegstrecke erreichen, aber wir fanden eine wunderbare Stelle an einem Fluss, um unser erstes Nachtlager aufschlagen zu konnen.

„Genau so habe ich es mir vorgestellt. Natur, einsam, ein Fluss zum Waschen ... Freiheit!", stellte ich fest.
„Yeap ... und dazu Salami, Baguette und einen ordentlichen Schluck Rum!" bestätigte Herman, der es sich auf einem Baumstamm gemütlich gemacht hatte.

„Endlich einmal Ruhe vor diesen ganzen Schwachmaten, Frauen ... übrigens ... ist bei Dir endlich Ruhe eingekehrt?"
„Welche Ruhe meinst Du? Mit Christine oder meiner zukünftigen Ex

– Frau?"
Herman hatte die Eigenart laut und drohnend zu Lachen. Genau dieses tat er in jenem Augenblick.
„Ich meinte Deine Ex – Frau! Also die richtige Ex – Frau.", konkretisierte er.
„Tja, die hat mich auf Unterhalt verklagt."
„Ach echt? Warum? Die ist doch noch jung genug ... kann gefälligst alleine arbeiten!", sagte er offensichtlich ehrlich erstaunt.
„Das sieht unserer toller Staat ein wenig anders. Sie hat behauptet, in der Ehe hatte sie weder studieren konnen, noch arbeiten konnen. Sie hat sich ja immer um die Kinder gekümmert." Ich musste an dieser Stelle tief seufzen. „Der Umstand, dass sie als Homöopathin immer ein Studium abgelehnt hatte und nichts anderes wirklich kann ... interessiert keine Sau."
„Aber sie hat doch eine Praxis gehabt."
„Ja ...", antworte ich etwas das Wort langziehend, „Und einen guten Steuerberater, namlich mich. Auf dem Papier hat sie keinen Cent verdient, war echt schlau von mir. Am Ende habe ich jetzt den Kredit, den Dispo und die Wohnungsauflosung an der Backe."

Herman kaute an seinem Baguette. „Au Mann, da war ich ja mit meiner echt schlau. Die hat ihr eigenes Geld verdient, ich muss nur fur den Jungen zahlen!", er schluckte einen Bissen herunter, „Seien wir mal ehrlich, Kinder ist OK! Wie viel musst Du denn abdrücken?"

„Siebenhundert fur sie, dreihundert pro Kind!"
Herman stieß einen leisen Pfiff aus.
„Alter Verwalter. Lass uns hier einfach irgendwo eine Imbissbude aufmachen und gut ist. Dieser Kackstaat wird schon irgendwann merken, wo er damit hin kommt. Aber wenn das so gewollt ist, dass ein Bulle am Existenzminimum lebt, bitte sehr." Verächtlich spuckte er auf den Boden.

Wir sammelten Reisig für unser erstes Feuer im Freien. Nun stocherte ich mit einem Ast ein wenig Gedankenverloren in den Flammen herum. „Kannst Du Dich noch an Lanske erinnern? Der kam mal bei uns rein und meinte, sie haben da was nicht verstanden. Sie sind Polizisten. Ich kann ihnen alles weg nehmen und sie werden am Ende doch weiter machen. Sie konnen einfach nicht anders." Die Funken stieben im Feuer hoch. Mein Begleiter hatte sich sein Baguette zwischenzeitlich vollständig einverleibt. So konnte er mich mit leeren Mund fragen.
„Und die Neue?"
Ich überlegte kurz. „Ich weiß nicht, irgendwie Ja und irgendwie Nein."
„Wie lauft es im Bett?", setzte Herman ungeniert nach.
„Da ist sie der Knaller, aber das ist ja nun auch nicht alles."
„Wenn`s Liebe sein soll, dann nicht, aber sonst ist die Fickerei schon einmal die halbe Miete."
Da hatte er wohl Recht. Wollte ich Liebe? Wollte ich nach achtzehn Jahren gescheiterter Ehe auf Liebe machen? „Es ist kompliziert. Ich mache immer wieder den gleichen Fehler. Ich versuche Weibern immer einen Partner zu finden, Tja, daran scheitere ich dann immer im Kopf, kannst Du das verstehen? Weißt Du, was ich meine?"
Er nickte zustimmend. „Meine letzte Vermieterin war fast so etwas, aber dich hab' s vermasselt." Herman hatte sich die Eigenart zugelegt, den Begriff Freundin wie die Pest zu meiden. Wir verfielen beide in eine nachdenkliche Pause.
„Lass uns uber was anderes reden.", sagte Herman und beendete das Schweigen. Hast Du an das Buch gedacht, in dem dieser Irre die ganzen Etappen beschrieben hat? Ich habe mir so ein Buchlein zum Eintragen gekauft. Habe mir vorgenommen, jeden Tag ein wenig etwas einzutragen, so als Erinnerung fur spater mal, verstehst' e?"

Nebenbei ist dieses Notizbuch verschollen. Ich wollte es von Herman ausleihen, als mit der Erzählung hier begann. Soviel zum Erinnerungswert solcher Bücher.

Im Zuge der Vorbereitung hatte ich eine ganze Menge Bücher zum Thema GR10 gefunden. Am Ende hatte ich mich für ein Buch entschieden, in dem der Autor jede einzelne Etappe inklusive Zeitangaben für die Wegstrecke niedergeschrieben hatte.

„Ja, habe ich. Das Buch zieht aber erst, wenn wir die Wegstrecke des GR10 erreicht haben. Und denk dran, wir haben eine Vereinbarung. Wir laufen immer nur so weit, wie wir Lust haben, keine Durchdreherveranstaltung! Aber wenn Du schon nach Etappen fragst ... was ich vollkommen vom Schirm verloren habe, sind die beiden Strategen, die Du noch treffen wolltest." Wenige Tage vor der Abfahrt hatte Herman mehr am Rande gefragt, ob ich etwas dagegen haben würde, wenn uns zwei mir unbekannte Kollegen begleiten würden. Allerdings wollten die beiden nicht gesamte Strecke dabei sein.
"Ist denn schon klar, wann sie zu uns stoßen wollen?", fragte ich. Wieder lachte Herman lauthals.
„Du meinst Ute und Käthe? Nein, die beiden haben erst einmal vorsorglich die goldene Kundenkarte beim Outdoor Ausstatter beantragt und den Laden leer gekauft. Ha, Ha, ich tippe mal sie werden hier mit einem Handwagen aufschlagen."

Ich muss dazu erwahnen, dass wir uns alle seit Jahrzehnten in unserer Einheit, sowie in anderen sogenannten Zivileinheiten, nur mit unseren Spitznamen anredeten. Ursprünglich sollte dieses eine Bekanntmachung des einzelnen Beamten verhindern, wenn von Unbefugten der Funk abgehört wurde. Ein seit der Einführung des Digitalen Funks historischer Umstand, aber die Tradition der Taufe ist geblieben. Außerdem hatte es einen entscheidenden Vorteil. Wir konnten uns im Einsatzfall direkt ansprechen, auch wenn ein Täter neben uns stand. Entweder es handelte sich um wenig schmeichelhafte Vergleiche zu Schauspielern oder um Namen, die sich aus einem Verhalten heraus ergeben hatten. Ich selbst hatte mir den Namen Fackel eingehandelt. Als Rooky war ich einmal in einem Einsatz auf einen Wagen geflüchtet und brullte meinen Fahrer an: „Bring mich hier weg! Ich brenne lichterloh." Ich meinte natürlich nicht ein Brennen im eigentlichen Sinne, sondern mehr den Umstand, enttarnt geworden zu sein. Prompt hieß ich Fackel.

Auch Herman, hieß eigentlich nicht Herman, sondern Frank. Frank hatte sehr große runde Augen, eine tiefe Stimme und eine kräftige kantige Statur. Wer ihn sah, fühlte sich ein wenig an Herman aus der Serie „Die Monsters" erinnert. Bei Ute und Kathe war es mehr eine traditionelle Angelegenheit. Alle Schmidt's in den unterschiedlichsten Schreibweisen erhielten Frauennamen. Dieses konnte oftmals zu seltsamen Verwicklungen und Szenen fuhren. Natürlich hatten wir noch deutlich schlimmere Namen zu vergeben. Man stelle sich die Ehefrau des Kollegen „Stecher" vor, die auf der Dienststelle anruft und die Auskunft erhalt, dass sich ihr Mann gerade bei Mandy befindet. Unabhängig davon, dass sie zuvor schon Gluck hatte, wenn der Kollege am Telefon den tatsächlichen Namen ihres Mannes zur passenden Person zuordnen konnte.

Ich hakte noch einmal nach. „Was ist das fur eine Geschichte mit den beiden? Gibt es einen besonderen Grund dafur, sich bei uns einklinken?
Du hast mir letzte Woche irgendwie nichts weiter dazu gesagt."
„Ach, ich hatte ihnen bei einer Party von unserem Plan berichtet, die waren sofort interessiert. Ute muss mal nach einer Auslandsmission seinen Kopf frei blasen und Kathe fallt seit der Nummer mit seiner Frau, die Decke auf den Kopf."
„Aha ... was ist da los?", fragte ich nach.
„Kennst Du die Nummer nicht?"
„Wurde ich sonst fragen?"
Herman zundete sich eine gerade fertig gedrehte Zigarette an. „Du hast bestimmt von dem Kollegen gehort, der sich vor ein paar Monaten auf dem Friedhof eine Kugel durch den Kopf hat gehen lassen?"
Ich nickte. Wir hatten im Dienst darüber gesprochen. „Ja, aber keine

Details.", sagte ich.

„Schrage Nummer. Grund war eine Frau. Die Alte war ursprünglich mal mit Kathe liiert. Dann hat sie sich gedacht, es wäre von Vorteil ist sich von einem Wachleiter bespringen zu lassen und weil sie schon mal dabei war, hat sie sich dann vom Abschnittsleiter vogeln lassen. Der Wachleiter hat auf Amorekaspar gemacht und hat sich wegen dieser Lala selbst weg gemacht. Kannst es Dir ja vorstellen, kam jetzt auch bei Kathe nicht so wirklich gut an." Für einen Augenblick schwiegen wir beide.

„Na Toll. Würdest Du Dir wegen einer Tante den Schadel wegblasen?", fragte ich.

Herman runzelte die Stirn und schob die Lippen nach vorne. „Ganz sicher nicht. Dafur gibt es zu viele davon."

Ich zündete mir ebenfalls eine Zigarette an, nachdem ich bedächtig den Rauch ausgeblasen hatte, lehnte ich mich an meinen Rucksack. „Mich erinnert das an die Geschichte von Tatti. Tatti hatte eine Frau mit vier Kindern kennengelernt und sofort das ganze Programm abgespielt. Ist bei ihr eingezogen, hat auf Papa gemacht und hat sich sogar zum Elternsprecher wahlen lassen.

Dann ist er eines Tages nach Hause gekommen und hat gemerkt, wie sie nach einem anderen Kerl riecht."

Herman machte einen erstaunten Gesichtsausdruck. „Ernsthaft? Gerochen? Das geht?"

Ich schmunzelte. Mir war schon klar, dass dieses Hermans Vorstellungskraft sprengte. „Er kann es wohl. Jedenfalls ist Tatti vollkommen abgeflogen. Stand plötzlich heulend vor meiner Tur. Ab diesen Tag hat er eine Woche auf meiner Couch gepennt. Ich war damals noch verheiratet. Du kannst Dir vorstellen, meine Frau war davon weniger begeistert. Jedenfalls, irgendwann habe ich ihn mir gegriffen und ihn so richtig bose abgefüllt. Hab ihm klar gemacht ... ein mal richtig und dann ist aber auch gut. Du erinnerst Dich vielleicht?" Ich

unterbrach kurz und setzte nach einem Schluck Rum fort.
„Der Morgen, wo mich meine Frau in der Kneipe anrief. Da wo sie mich anblokte, weil ihr Vater angeblich eine Herzattacke hatte. Woraufhin ich dann in meinem Suff sagte, er würde es jetzt aber übertreiben mit dem Simulieren."

Ein erneutes Mal dröhnte an diesem Abend das laute Lachen von Herman durch die schon eingetretene Dunkelheit und Stille. „Ja, ich erinnere mich an die Nacht danach ... wir waren voll wie die Hupen."

„OK. Tatti wird jedenfalls wieder ausgenüchtert auf der Funkleitstelle stehen. Dusty kommt auf die Leitstelle, einer aus meinem alten Team, und Tatti wird in Tranen ausbrechen. Dusty macht sich voll die Platte und fragt, ob etwas Schlimmes passiert sei. Tatti erzählt von seiner Tante. Was soll ich Dir sagen. Dusty bekommt aus dem Stand den vollen Wutausbruch. Und erklart, es wäre ja wohl die totale Sauerei, wegen einer Else so einen Aufstand zu machen. Er habe sich schon echt Gedanken gemacht. Tatti`s Gesicht war ein Bild fur die Gotter. Soviel dazu!"

„Diese seltsamen geplatzten Menschen ... irgendwann bringen die uns noch um!" ‚stellte Herman fest.
Lachend kommentierte ich. „Nur die Kaputten. Vielleicht klappt es ja doch noch ... äh warte ... eher Nein!" Mittler Weile war das Feuer die einzige Lichtquelle an unserem Platz.
Herman lehnte sich zurück und starrte in den Himmel. „Ach Mensch Kleiner, ich freue mich wirklich auf die nachsten Tage. Kein Telefon, keine Frauen, einfach nur mal weg. Diese ganzen Lala`s gehen mir sowas von auf die Eier, kannst Du Dir nicht vorstellen. Meinst Du, Du wirst mit Deinem Biwaksack klar kommen? Vielleicht hatten wir doch einmal Probeschlafen sollen. Angeblich sollen die Dinger ja alles konnen."
Wir beide hatten uns gegen die Benutzung von Zelten entschieden, da wir auf die Unauffälligkeit von Biwaksäcken setzten, um so in schwierigen Gebieten zu übernachten zu können. Auch wenn ich die

Befurchtung hatte, dass die Tarnfarben unserer gesamten Ausrüstung ein wenig zu Problemen mit Grenzpatrouillen an der spanischen Grenze fuhren konnten. Anders herum, war im Naturschutzgebiet auch ausschließlich das Biwakieren erlaubt. Unsere Ausstattung sollte uns jedenfalls noch einigen unfreiwilligen Spaß bereiten.

Das Thema Biwaksack, ebenso wie das Thema Rucksackinhalt und das erwähnte Etappenbuch entwickelten sich jeweils zum Running Gag unserer Wanderung. Bei dem von Herman erwähnten Buch handelte es sich um eine Art Reisefuhrer fur den GR10. Geschrieben von einem Wanderer, der minutiös jede einzelne Etappe des GR10 in diesem Buch beschrieben hatte. Neben den Wegbeschreibungen hatte er auch immer die Stunden und Minuten notiert, die er jeweils fur die Strecke gebraucht hatte. An dieser Stelle muss ich mal eine Lanze für ihn brechen. Ich weiß nunmehr, dass Paul Lucia 2007 nach einer letzten Wanderung in den Pyrenaen verstorben ist und er die diese Berge wirklich geliebt hatte. Mit welcher Geschwindigkeit er jedoch diese Touren bewältigt hat, wird mir ewig ein Rätsel bleiben. Trotzdem war er der Mann, der mir schon in den ersten Tagen meiner Planung die Bergwelt der Pyrenaen näher gebracht hatte und mich in meinem Ziel bestätigte. Wir krochen mude in unsere Schlafsacke, die wir in die Biwaksäcke eingelegt hatten, lauschten jeder fur sich noch ein wenig den ungewohnten Geräuschen in dieser fur uns noch neuen Wildnis.

Am Morgen erwachte ich etwas desorientiert. Mein Korper, der sich wie nach einer ziemlich ublen Schlägerei anfühlte, verschaffte mir aber schnell Gewissheit daruber, dass ich mich offensichtlich auf meiner Wanderung befand. Da ich im Freien, vorausgesetzt ich war in der Nacht zuvor nüchtern, selten lange schlafe, befand sich die Wiese noch in einem leichten Nebel. In einer halben Stunde wurde die Sonne aufgehen. Auch Herman, der sich einige Meter von mir entfernt hingelegt hatte, hob seinen Kopf aus dem Sack empor. „Morgen!", kam es kehlig und etwas launisch aus mir hervor.

„Gut geschlafen?", fragte ich. Herman grinste mich an und steckte sich, wie er es auch an jedem anderen Morgen der Wanderung tat, als erstes eine Zigarette zwischen die Lippen.
„Eigentlich schon, aber es gibt hier seltsame Tiere."
„Tiere?" Ich blickte ihn erstaunt aus meinen noch müden Augen an.
„Freundchen, auf der Wiese war heute Nacht ein riesiger Bar unterwegs, es sei denn Du schnarchst wie ein Monster! Wie gut das wir kein gemeinsames Zelt haben ... Du warst jetzt tot!", frötzelte Herman.

Ich grinste amüsiert während ich mich aus meinem Nachtlager hervor schälte. Danach zelebrierten wir so eine Art Indiana Jones Nummer. Ich hatte mir fur die Wanderung einen australischen Oilskin Hut zugelegt. Herman hatte sich fur einen Scippi entschieden. Wahrend wir uns uber die letzten frischen Vorrate des Vortages her machten, hockten wir zu zweit mit unseren Huten und freien Oberkorper auf unserem Baumstamm.

In unseren Rucksacken hatten wir zwar einige Tutensuppen und Outdoorfertiggerichte, wollten diese aber als Notfallrationen aufsparen. Herman hatte sich den Luxus gegönnt und mehrere Tuten Milchpulver eingepackt. So konnte er seinen Kaffee mit Milch trinken.

Der Kerl hatte nie zugegeben, dass er nicht auf seine Milch verzichten wollte. Die offizielle Begründung seinerseits war, man müsse auf einer Wanderung aufpassen, nicht in eine negative Energiebilanz zu kommen, sonst wurden die Muskeln schwinden. Ich persönlich hielt und halte das fur einen vollkommenen Blödsinn.

Aber wenn man zu zweit wandert, muss man die Eigenarten des anderen aushalten und im Gegenzuge auf Gleiches hoffen. Es ist halt eine sehr spezielle Beziehung, die man fur einige hundert Kilometer eingeht. Vielleicht sollten Paare vor einer Hochzeit zu einer mindestens aus zehn Etappen bestehenden Wanderung verpflichtet werden. Gemeinsame Zelte, fehlende Korperhygiene, der Frust uber nicht naher kommende Bergkamme, konnte die eine oder andere Fehlentscheidung in der Partnerwahl offen legen. Nach dem Fruhstuck folgte der erste von vielen folgenden „Will ich das?" - Augenblicken der Wanderung. Dieser Augenblick, in dem die Riemen des Rucksacks sich mit vollen Gewicht in die Schulterpartie einhängen. Jeden Morgen das gleiche Procedere und vor allem der gleiche Schmerz.

Ein leichter Hupfer um den Bauchgurt zu positionieren, damit das Hauptgewicht auf den Huften landet, dann der schnelle Griff an die Zurrriemen, mit denen das Gewicht an den Korper gebracht wird. Der Verkaufer des Rucksacks hatte mir gesagt, dass der Schmerz nach einigen Tagen verschwinden wurde. Ich vermute, er gehort der Fraktion Mensch an, die behaupten, beim Joggen würden Gluckshormone ausgeschuttet. Diese befahigen einen Menschen angeblich dazu, einen Marathon bis zum Ende zu überstehen. Jedenfalls scheint mein Körper diese Hormone nicht beim Laufen zu produzieren. Sollten Sie Marathonläufer sein und das Geheimnis ergründet haben, können Sie sich gern bei mir melden. Warten Sie! Ich werde Ihnen ohnehin nicht glauben.

Das Wetter hatte sich geandert und ein langerer Regen kundigte sich an, der uns tatsächlich unsere gesamte erste Etappe begleiten sollte. Nach der ersten Euphorie stellte sich dann auch wieder die Notwendigkeit der einen oder anderen gedanklichen Durchhalteparole ein. Am ersten Tag bekamen wir es richtig dick. Unsere Korper waren noch lange nicht im Rhythmus. Der Rucksack stellte eine mehr als nur unangenehme Last dar. Beide schalteten wir den Kopf ab. Schweigend liefen wir hintereinander, immer brav abwechselnd auf das Hinterteil des anderen starrend. Wir taten einfach das, was wir jahrelang gelernt hatten, nicht nachdenken, still den korperlichen Schmerz verdrängen, ein Bein vor das andere setzen.

Nach zwölf gelaufenen Kilometern war die Luft raus, die Waden und die Huften verkrampften, unsere noch untrainierten Korper rebellierten. Wir fingen an, nach einem neuen Rastplatz Ausschau zu

halten. Glucklicher Weise fand sich dieser schnell. Zur Straße hin entdeckten wir eine langere Zufahrt, die auf dem weitlaufigen Areal eines alten aber sehr gepflegten Bauernhauses endete.
Augenscheinlich stand das Haus aktuell leer und den Sicherungen nach zu urteilen, würde dies mindestens auch noch eine Nacht so bleiben. Zufrieden fanden wir unter einem Vordach ein sicheres Plätzchen. So dachten wir zumindest. Eine Taschenlampe in Begleitung eines sehr großen Pyrenaen Berghundes belehrte uns eines Besseren. Die Taschenlampe gehorte zu einem zunächst sehr skeptisch dreinblickenden kantigen Bauern.

Nachdem ich mich davon uberzeugt hatte, dass der Hund zwar gewisse Ahnlichkeit mit einem bissigen Schaf hatte, ansonsten aber recht friedlich wirkte, unternahm ich den Versuch einer besänftigenden Kontaktaufnahme mit dem Eingeborenen. Dieser war dann doch gar nicht so kantig, wie wir anfangs dachten. Eigentlich wollte uns der gute Mann auch nur vor einer viel schlimmeren Erfahrung bewahren. Seiner Aussage nach befanden wir uns auf dem Hof einer allein stehenden Prominenten. Seinen Informationen nach, hatte sie vor, entweder nachts oder in den fruhen Morgenstunden aus dem Urlaub heimzukommen. Leider erfuhren wir nie, wem wir da eigentlich einen Schreck eingejagt hätten. Ich denke, wenn ich in nächster Zeit die Geschichte in irgendeinem Lokal erzähle, werde ich behaupten, dass es das Grundstück von Marin Le Pen war.

Grundsätzlich hatte der Bauer nichts gegen eine Übernachtung, aber so spontan konnte es unter Umständen zu einer Unterbrechung der Nachtruhe durch die Polizei fuhren. Dieses wollten wir in dieser Region von Frankreich wahrlich nicht erleben. Es gibt da wirklich Unterschiede. Von einer früheren Reise nach Südfrankreich weiß ich, dass sich dort auch einige Veteranen der Fremdenlegion herum treiben. Als wir uns schon im Dunkeln wieder auf der Landstraße sahen, bot er uns im Gegenzuge sein Grundstuck an, welches sich als noch großer und bequemer erwies. Der Regen hatte eine Pause gemacht. Wir konnten uns bequem niederlassen. Nachdem wir uns unserer

Rucksäcke entledigt hatten und einen großen Teil der nassen Klamotten im Haus des Bauern aufgehängt hatten, setzten wir uns auf die Wiese.

Ein wenig schweigsamer erwies sich dann unser Zusammensitzen aber doch. „Was ist los?", fragte ich Herman. „Irgendeine Blahung sitzt doch quer."
„Wir sind schon zwei Tage unterwegs und immer noch nicht am GR10, das nervt!", maulte er.
„Ja ... und? Dafür waren wir gestern im Naturschutzgebiet Val D' Azun, ein absolutes Highlight, immerhin haben an einem Fluß ubernachtet. Und heute mussten wir vermutlich fur lange Zeit, das letzte Mal Asphalt treten."
„Ja, aber nicht der GR10.", bockte Herman weiter vor sich hin.
„Herman sei nicht sauer, aber fur mich geht's erst einmal um das Wandern und eine schone Strecke. Auf dem GR10 kommen wir noch fruh genug an. Mach jetzt hier nicht die Pussy mit PMS."
Er grunzte mich an, „Ich bin da anders. Ich habe mir den GR10 vorgenommen. Habe Dir die Planung überlassen und bin immer noch nicht da. Kannst Du nicht verstehen ... Du Hippie!"
Ja, man kann sagen, wir hatten in den ersten drei Tagen so unsere Anlaufschwierigkeiten. Letztlich traf Zielstrebigkeit auf eine Laissez-Faire Haltung, die sich gern einmal vom Leben überraschen lässt.

Ich beschloss jedenfalls fur mich, ihm den Bock nicht alleine zu überlassen. „Wenn Du mir schon die Planung überlässt, dann hattest Du Dich wenigstens mal dafur interessieren konnen, vielleicht hattest Du dann ja gewusst, dass wir nicht mit der Limousine vorfahren werden. Aber da Du nur einen Kopf fur Deinen Kram angestrengt hast, wird Dir das entgangen sein!", blaffte ich nun meinerseits Herman an. Ich spurte eine ernsthafte Wut in mir aufsteigen, auch mich hatten die Kilometer auf der Landstraße geschlaucht. Besonders die Waden hatten mir den stundenlangen Anstieg auf der Straße nicht verziehen. Herman schob sich seinen Hut in den Nacken und sah mich schon wieder ein wenig besser gelaunt an. Dann formte er

die Lippen zu einem Kuss. „Kleiner Du musst jetzt ganz doll stark sein."
„Ach ja ... warum?"
„Na weil Du Dich benimmst wie meine Ex-Frau, dann konnen wir auch gleich heiraten. Du weißt doch, nur wer gefickt wird ist schwul! Ganz alte Knast und Wanderregel!"

Ich starrte kurz in die andere Richtung des Gelandes und beruhigte mich wieder. „Also gut ... einen Rum drauf, wir nehmen den aus meinem Rucksack, dann muss ich morgen weniger tragen."
„Geht doch Kleiner, Morgen erreichen wir den GR10? Ja?"
„Ja ...! Ich zeig' s Dir auf der Karte. Wir mussen hier noch ein paar Kilometer auf der Landstraße entlang, dann kommen wir an einen großen See, der bereits auf der Strecke liegt und dann geht der GR10 irgendwo in die Botanik. Wir durfen nur nicht daran vorbei rennen, wird uns aber schwer fallen."
„Wie lange werden wir morgen unterwegs sein? Was denkst Du?" fragte der besänftigte Herman.
„Wir werden in etwa zwei Stunden auf der Landstraße laufen mussen." Mit diesen Worten holte ich das Etappenbuch aus der Hosentasche. „Er schreibt etwas von einem Aufstieg bis hin zum Bergkamm, da mussen wir hinüber und konnten das Etappenziel erreichen. Kurz vor dem Kamm befindet sich eine Schutzhutte, die wird eines unser ersten festen Ziele sein. Auf der Karte sind zwei Hütten eingezeichnet. Bei der einen steht die Bezeichnung „Schäfer", die andere ist eine Schlechtwetterschutzhütte. Fur den Aufstieg und das Überqueren brauchen wir funf Stunden." Herman sah prüfend nach oben in den dunklen sternenlosen Abendhimmel.

„Dann sollten wir uns langsam in die Sacke verziehen, es wird gleich wieder anfangen zu regnen."
Er sollte mit seiner Einschätzung recht behalten. Meine erste Regennacht in einem Biwaksack. Ich will die Foltermethode Waterboarding

nicht verniedlichen, erst recht nicht nach dieser Nacht, aber gewisse Parallelen waren fur mich herstellbar.

Beim Einschlafen wollte ich vorsorglich den Sack vollständig verschließen, damit der Regen auf meinem Gesicht mich nicht wecken wurde. Kaum hatte ich den Reißverschluss zu, legte sich die dunne atmungsaktive Schutzmembran auf mein Gesicht. Drei, zwei, eins ... Panik! Das ging gar nicht. Also musste ich wohl oder ubel das Gesicht frei lassen. Dann kam der Regen.

Selbstverständlich war ich jetzt wieder wach. Wer denkt sich denn nur so einen Mist aus? Mein nächster Plan bestand dann darin, die i Regenjacke uber den Kopf zu legen. Diese Jacke erwies sich aber als nicht so toll, wie sie mir der Verkaufer angepriesen hatte. Nach einer halben Stunde schmiegte sie sich ebenfalls perfekt meiner Gesichtskontur an und das Waterboarding light konnte erneut beginnen. Es hatte alles keinen Sinn, also musste ich wohl oder ubel im Schein meiner Taschenlampe größere Bastelarbeiten durchführen. Als Herman wach wurde, bot sich ihm ein zunächst fragwürdiges Bild. Ich hatte mir aus meinen beiden Teleskopwanderstöcken, meinem Rucksack und dem Regenponcho fur den Rucksack eine Art Kopfzelt gebaut. Nun sagen wir mal, die Konstruktion sah recht speziell aus, aber sie hatte sich fur die letzten drei Stunden Schlaf bewahrt.

„Was?", ranzte ich Herman an.
„Na ja, es sieht ein wenig seltsam aus, wie Du da liegst. Ich habe mich schon gewundert, was Du hinten mitten in der Nacht mit der Taschenlampe anstellst." Noch grimmiger als schon eine Minute zuvor grummelte ich, „Wie hast Du denn in diesem Ding beim Regen geschlafen? Haben sie Euch bei der NVA beigebracht, wie man Regen im Gesicht weg denkt?" Herman sah mich kopfschüttelnd an. „Nein, aber wir Ossi`s konnen organisieren!"
„Ja, und?"
„Na, ich habe da vorne unter dem Dach beim Holzstapel gepennt!"

Eine Hütte - Drei Hirten und wir

„Der neue Luxus – Sich Einfachheit leisten können!" Helmut Glaßl

Nachdem wir uns von unserem Gastgeber verabschiedet hatten, welcher uns sogar noch ein wenig Proviant überließ, ließen wir das Val D'Azun endgültig hinter uns. Der kommende Abschnitt wurde uns zum ersten Mal ins Gebirge fuhren. Beim GR10 muss man die Entscheidung treffen, ob man die untere Wanderstrecke durch die Taler nimmt, den mittleren Weg, der den Wanderer uber die einzelnen Passe fuhrt oder fur die Alpinisten der Hohenwanderweg. Letzterer kann aber wirklich nur erfahrenen Bergsteigern empfohlen werden. Wir hatten uns fur den mittleren Weg entschieden, der uns von Pass zu Pass fuhren wurde. Zwei Stunden nach unserem Aufbruch erreichten wir beide den Lac d`Estaing. Mit dem Erreichen des Sees waren wir endlich mitten auf dem GR10. Am See bekamen wir beide eine erste Vorstellung von der Schönheit dieser Landschaft. Nach einer kurzen Rast am Ufer zwischen den ublichen Wohnmobilen, ließen wir den See zuruck, da wir zugig endlich der Zivilisation entkommen wollten.

Eine Stunde später wies uns eine Markierung darauf hin nach rechts die Straße zu verlassen. Hier fanden wir einen Trampelpfad, der durch eine sehr uppige mediterrane Vegetation führte. Meter für Meter gelangten wir bergauf. Die hohen Sträucher um uns herum verhinderten jedoch jeglichen Uberblick. Das Klima mutete uns an, als wenn man uns im Dschungel von Laos ausgesetzt hatte. Stetig ronn an der Spitze meines Huts der Schweiß herunter.

Sollte jemand nach Lesen des Buchs die Lust verspüren, den GR10 ebenfalls zu bewandern, kann ich nur empfehlen sich mindestens auf drei Klimazonen einzustellen. Das es auch einmal richtig kalt werden kann im Sommer, sollte ich noch bitter erfahren. Es ist mir schon klar, dass an dieser Stelle so ziemlich jeder sagen wird: Ist doch klar in den Bergen. In meiner Naivität hatte ich von Mediterranen Bergen eine andere Vorstellung.

Endlich konnte Herman sein GPS - Gerät vorfuhren. Er hatte sich fur viel Geld drei Karten heruntergeladen, auf denen der GR10 verzeichnet war. Das Gerat trug er in einer Art Holster wie eine Waffe an seinem Gürtel. Im Abstand von etwa 1500 Metern griff er an den Gürtel und holte mit einem lauten Klicken, das Gerat hervor um unsere Position zu kontrollieren. Meistens folgte dann ein an mich gerichtetes: „Wir sind richtig!" Wo sollten wir auch sonst sein? Es gab dort keine Abzweigungen, jedenfalls keine, die nicht zu einer schlafenden Wildschweinrotte gefuhrt hatten. Plötzlich öffnete sich das Dickicht und wir befanden uns auf einer Art Waldweg.

Suchend blickten wir uns nach einem Hinweis um. „Siehste! Dafur habe ich dieses Ding hier!" Herman holte wieder mit einem lauten Klicken sein Gerat hervor.
„Und was sagt dieses Wunderding?" fragte ich ein wenig skeptisch.
„Das wir auf dem GR10 sind."
„Ach? Was ist das? Blaues Licht! Was kann es? Es leuchtet blau!" zitierte ich aus dem Film Rambo in Afghanistan. „Was haltst Du von der Markierung da am Baum?"
„Oh ... das ware natürlich eine Möglichkeit! Warum habe ich das nicht gesehen?", staunte Herman.
„Vielleicht, weil Du ständig auf Deinen Nintendo starrst und den Kopf nicht hoch nimmst?" spottete ich.

Die Markierung befand sich an einem Baum, der seitlich von einem ausgetrockneten Flussbach wuchs. Offensichtlich sollte der Weg steil nach oben durch das Geroll des Baches fuhren. An dieser Stelle ist es notwendig, ein wenig die unterschiedlichen nationalen Mentalitäten beim Anlegen eines Wanderweges zu betrachten.

Wer noch keine Wanderung gemacht hat, kann am ehesten einen Vergleich mit Hinweisschildern auf Landstraßen ziehen. Wenn in

Deutschland auf eine gefährliche scharfe Kurve hingewiesen wird und die Geschwindigkeit gar noch auf 50 km/h herunter geregelt wird, kann man sie getrost als geubter Autofahrer mit 80 km/h durchfahren. Mit Sicherheit versetzt, diese Aussage jeden offiziellen Verkehrsexperten in Rage, aber der muss sich ja auch mit der gesamten Spannbreite von Autofahrern auseinander setzen. Ich sagte: Geübter Fahrer! Im Gegensatz dazu, sollte man dieses Schild in Spanien und Frankreich sehr ernst nehmen, zumal es nur wenige Meter vor der Kurve steht. Ich denke jeder Deutsche, der Straßen in diesen Ländern schon einmal befahren hat, wird mir dabei zustimmen. Ahnlich verhalt es sich mit Wanderwegen. Wenn in Deutschland irgendwo geschrieben steht: Leichte Wegstrecke, dann kann Mutti den Kinderwagen mitnehmen und es wird ein netter Familienspaziergang. Steht das in Frankreich in einem Guide, ist von beschwerlich bis hin zur Frage: „Hat jemand ein Seil da bei?", nahezu alles möglich. Von als „Beschwerlich Wanderwegen" klassifizierten Routen soll hier gar nicht die Rede sein. Der Weg vor uns sollte nach franzosischer Denkart jedenfalls einfach sein. Die nachsten Stunden kletterten wir also zwischen schroffen Felsen und Schutt den Waldhang hinauf. Mein geringeres Gewicht und meine kleinere Statur erwies sich hier als Vorteil. Ab und wann stoppte ich und schaute hinab zum einige Meter unter mir kämpfenden Herman. Sein Gesicht war verzerrt und er rang sichtlich mit allem. Ich beschloss ohne weiteren Stopp vor zusteigen, um meinen Rhythmus nicht zu verlieren. Mit einigem Vorsprung durchbrach ich den Wald als erster. Wir hatten die Baumgrenze erreicht. „Willkommen in den Pyrenaen!" dachte ich beim Anblick der sich mir bot. Vor mir öffnete sich ein fantastisches Bergpanorama, welches mich im ersten Augenblick erschlug. Ich setzte mich auf einen Felsen und wartete. Irgendwann würde Herman aus dem Wald kommen. Vollkommen erledigt, mit hochroten Kopf und deutlicher Atemnot brach er wie eine waidwunde Wildsau durch das Dickicht der letzten Meter. Samt Rucksack ließ er sich auf den Rasen fallen.

„Verdammt!", qualte er keuchend hervor. „Vielleicht haben wir uns beide da falsch verstanden. Das geht so nicht, von Null auf hundert war nie die Rede. Man muss sich erst an die Hohe gewohnen", nach Luft japsend, keuchte er weiter, "Ich meine wir sind einfach mal von fast Meeresniveau auf bestimmt 1500 Meter hoch gelaufen." Auch ein keuchender Herman, war ein durchaus noch ernst zu nehmender Gegner. Also verkniff ich mir die Bemerkung hinsichtlich seiner Forderung vor wenigen Stunden, so schnell wie möglich den GR10 zu erreichen.

„Na ... geht's wieder?" fragte ich ihn ein paar Minuten später, Fürsorge heuchelnd. Herman hatte sich aufgerichtet und ebenfalls auf einen Felsen gesetzt.

„Alter war das anstrengend. Das ist doch kein Wanderweg, wenn man einfach eine alte Steinlawine in der Landschaft dazu ernennt. Die haben doch einen Knall!"

„Willst Du mal richtig lachen?", fragte ich ihn mit einem Grinsen im Gesicht. Ich fing an aus dem Etappenbuch vorzulesen. „Nach einem kurzen einfachen Anstieg gelangt man in ein Tal. Ab hier steigt der Weg zwei Stunden lang nach oben, bis sie die Schutzhutte erreicht haben."

Aus Herman kam es gepresst hervor, „Der Typ hat doch einen Pfeil. Einfacher Aufstieg. Am Arsch. Wer hat das Buch geschrieben, ein Hochleistungskampfzwerg?"

„Keine Ahnung, aber ich denke mal hier konnen wir nicht bleiben.",entgegnete ich.

„Wir gehen jetzt doch in die Wildnis, oder?" Als Antwort zeigte ich in Richtung des sich öffnenden Anstiegs durch das Tal. „Ja, so ist der Plan. Da vorne geht's weiter"

„Gut dann fulle ich meine Wasserflaschen da vorn am Bach noch einmal auf. Gib mir mal bitte eine von den Aufbereitungstabletten."

Ich runzelte ein wenig die Stirn. „Meinst Du wirklich, es ist notwendig hier im Naturschutzgebiet das Wasser aufzubereiten? Vor allem gibt es jede Menge Wasser auf der Strecke. Da mussen wir uns nun nicht auch noch drei Kilo Wasser aufbürden."

„Mach doch was Du willst, ich werde mir jedenfalls nicht die Scheisserei einfangen. Und trinken ist wichtig.", grollte der halbwegs wieder hergestellte Herman. Ich ließ ihn gewahren und fingerte aus meinem Rucksack die gewünschten Aufbereitungstabletten hervor. Herman tat sie in seine Wasserflaschen und schuttelte was das Zeug hielt. Ich selbst holte mir schlicht etwas Wasser aus einem aufgewühlten Bach in der Nähe des Weges. Der Weg selbst hatte sich im Verhältnis zum Geröllaufstieg vollkommen verändert. Endlich stiegen wir zwischen den Felsen stetig kontinuierlich nach oben. Immer mal wieder überquerten wir kleinere Bachlaufe, an denen ich demonstrativ unter der skeptischen Beobachtung von Herman hielt, um mir etwas frisches Wasser zu gönnen.

Wahrend des Aufstiegs anderten sich auch endlich meine Gedanken. Ich war nicht mehr ausschließlich mit dem Stress der Anreise beschäftigt. Auf der Straße hatte ich den Kopf immer unten gehabt, jetzt hatte ich ihn oben und fing an das Panorama zu genießen. Da es sich um ein sehr breites Tal handelte gab es sehr viel zu sehen. Ich hatte von den Geiern in den Pyrenäen gelesen. Jetzt konnte ich ungefähr zehn dieser riesigen Vogel nur knappe vierhundert Meter von mir entfernt in einer Senke beobachten. Sie machten sich über einen Schafkadaver her. Andere schraubten sich über dem Schauspiel in die Hohe. Sie waren nicht wirklich schön, aber beeindruckend.
Herman hatte sie ebenfalls entdeckt und stand am Rand des Pfades. „Wir stehen bei denen nicht auf der Speisekarte? Bist Du Dir sicher?", fragte er mich skeptisch.
„Wenn Du nicht vor hast demnächst zu sterben, eher nicht. Auch wenn wir beide riechen, wie zwei Kadaver."
Demonstrativ roch Herman an seiner Achsel. „Du vielleicht! Ich rieche nach erotischen Mannerschweiß. Liegen wir eigentlich noch im Zeitplan?"
„Warte, ich schau mal." Ich hatte mir die Zeiten auf ein kleines Blatt Papier notiert und versuchte mich grob zu orientieren. „Von der Beschreibung her liegen wir drei Stunden zuruck."

Herman schuttelte den Kopf und sah in Richtung des Passes, der sich langsam in weiter Ferne zeigte. „Verruckt, einfach nur verruckt!"

Wir brauchten drei Stunden bis wir endlich die Schutzhutte Cabane Barbat erreichten. Die Schutzhutte hatte den Charakter eines aus blassgrünen Blech bestehenden Bauschuppen. Die Tur hatte jemand mit einem großen Stein gesichert. Innen hing ein Sammelsurium von Hinterlassenschaften anderer Wanderer. Es waren alles nützliche Dinge fur einen Wanderer, der sich vor schlechten Wetter gerettet hatte. An der Wand hingen Schals, Handschuhe und Notschlafsacke. Auf einer zum Tisch umfunktionierten Kiste, lagen zwei selbst gedrehte Zigaretten, Streichholzer und ein Grillanzunder. Neben der Kiste waren als Mobiliar nur zwei Feldbettgestelle vorhanden. Später habe ich einmal einen Bericht über den GR10 im Nachrichtenmagazin SPIEGEL gelesen. Der Autor war offensichtlich in der gleichen Hütte unter gekommen, er beschrieb Hütte und Interieur, als einem Feldlazarett aus dem Ersten Weltkrieg ähnlich.

„Alles da, was man so braucht!" Ich schaute Herman an. „Was denkst Du? Wollen wir hier Übernachten? Ich denke mal vor Einbruch der Dunkelheit werden wir die Etappe nicht zu Ende bringen."

Mit einem Nicken bestätigte er stumm meinen Plan. „Dann werde ich mal unser Essen vorbereiten." Draußen vor der Tur begann er in seinem Rucksack zu wuhlen und holte eine Alutute heraus.
„Was gibt es denn Leckeres?", erkundigte ich mich.
„Lecker Elchgulasch!"
„Seltsam was es allen in Tüten gibt. Brauchst Du meinen Kocher dafur?"
„Ja! Und diesen Messbecher hier."
„Du hast nicht wirklich einen Messbecher in Deinem Rucksack?"
„Bitte wie soll ich denn sonst halbwegs vernunftig kochen? Wenn da steht 450 ml Wasser, dann werden die schon wissen warum. Hippie!"

Ich gestehe, hierzu fiel mir dann auch nichts mehr ein. Ich loste den Campingkocher von der Außenhulle meines Rucksacks und hielt mich heraus. Wahrend Herman begann den Inhalt der Tute mit exakt abgemessener Wassermenge aufzukochen, erkundete ich unsere Umgebung. Unterhalb unserer Hutte befand sich eine massive Schaferhutte aus Natursteinen. Beim Aufstieg hatten wir sie uns bereits angesehen. Sie war aufgrund der Beschaffenheit schnell als Schutzhütte auszuschließen. Der Blick ins Tal war schlicht grandios und erfüllte mich mit einer Ehrfurcht, die ich noch ein paar Mal auf dieser Wanderung verspüren sollte. Mit einem Mal war ich einfach nur noch unwichtig. Ein winziges Exemplar der erdgeschichtlich vollkommen überbewerteten Spezies Mensch . Seltsamer Weise war es nicht das negative unbehagliche Gefühl unwichtig zu sein.

Es war beruhigend auf etwas Ewiges zu blicken. Gleichzeitig kam mir auch der Gedanke, der mich jedes mal auch beschlich, wenn ich auf die weiten eines Meeres schaute. Nichts von diesen in Äonen entstandenen Wundern benötigte uns Menschen. Irgendwann würde es die Menschheit nicht mehr geben, aber all dieses wäre noch da. Beides, Meer und Berge, haben ihre eigenen Regeln. Der Wanderer in Bergen denkt er hat einen Plan. Der Berg lacht über diesen Plan nur.

Du Wurm! Ich bin hier schon ewig, ich mache hier die Regeln und Du wirst Dich Ihnen fügen, fügst Du Dich nicht, stirbst Du, so einfach. In der Stadt haben wir wenigstens subjektiv die Vorstellung Regeln aufstellen zu können. Wir glauben daran eigene Entscheidungen zu treffen. An jeder Ecke gibt es etwas zu Essen, wenn man nicht gerade obdachlos ist, wird man einen sicheren Platz zum Schlafen haben und wenn man eine Toilette braucht, betritt man halt das nächste Lokal. Nebenbei eine sehr interessante Erfahrung. Im Verlaufe des Tages nicht mit Sicherheit zu wissen, wo man am Abend schlafen wird und ob man einen sicheren Schlafplatz haben wird. Vielen Sesselfurzern, die sich von der Couch aus über Flüchtlinge moquieren, würde ich gern einmal diese Erfahrung gönnen.

Hier in den Bergen war das anders. Desto höher, umso menschenfeindlicher die Umgebung. So ein Berg lässt sich irritierender Weise auch nicht beeinflussen. „Mach es mir doch nicht so schwer, bück

Dich mal ein wenig, mach doch mal die Heizung an!" Sinnlos! Der Berg sagt einfach: „Du wolltest doch hier hoch! Dann lass Dir was einfallen!" Eigentlich könnte man aus dieser Erkenntnis eine Menge für sein Leben mit nehmen. Aber die Erfahrung besagt : Die Halbwertszeit dieser Gedanken beträgt in etwa ein halbes Jahr. Herman riss mich mit einem lauten Rufen aus meinen Gedanken. „Essen!" Wider Erwarten schmeckte das Tutengericht halbwegs annehmbar. „Und?" fragte Herman, der neue selbsternannte Wanderkoch, als er seinen Napf aufgegessen hatte. „Ist doch ganz brauchbar."
Ich konnte es einfach nicht lassen und stichelte. „Ein wenig zu dunn, vielleicht beim nachsten Mal etwas weniger Wasser." Herman entschied sich dafur meinen Spot zu ignorieren und reichte mir seinen Napf. Ich selbst hatte direkt aus dem Topf gegessen.
„Du wascht ab, ich habe gekocht!" Ich griff mir unser Geschirr und wusch es im Bach, welcher in der Nahe der Hutte platscherte. Wir hatten uns eigens dafür besonderes abbaubares Outdoor Geschirrspülmittel gekauft. An der Hutte wurde ich von einem regenerierten gut aufgelegten Herman erwartet.

"Wollen wir noch ein wenig herum schauen?"
„Klar, aber ohne die Rucksacke. Ich denke mal die konnen wir hier stehen lassen." Hinter der Hutte erhob sich ein etwas kleineres Felsmassiv, welches wir umliefen. Dahinter landeten wir in einem kleinen Kessel. Was wir hier sahen verschlug uns die Sprache. Zentral im Kessel lag der klarste Bergsee, den ich jemals in meinem Leben gesehen hatte. Auch Herman hatte es die Sprache verschlagen. Wir setzten uns auf Felsen und ließen unsere geschundenen Fuße im eiskalten Wasser baumeln. „Was ist jetzt eigentlich bei Dir? Willst Du weitermachen?"

Ich hatte meine Ausbildung zum Mauerfall hin beendet und war dann mehr oder weniger direkt in eine Verdeckte Tätigkeit gewechselt. In letzter Zeit lese ich häufiger in der Presse von den Auskünften irgendeines Verdeckten Ermittlers. In der Presse sind damit aber einfache Zivilbeamte gemeint. Kein echter Verdeckter Ermittler würde sich jäh mit der Presse unterhalten, jedenfalls nicht wären seiner aktiven Zeit. Verdeckte Ermittler arbeiten über einen längeren Zeitraum unter falscher Identität in einem kriminellen Umfeld. Hierzu gehört aber nicht nur das Umfeld der „normalen" Kriminalität, sondern auch das Milieu der politisch radikalen Szene. Nämlich immer dann, wenn die Anhänger der Meinung sind, den restlichen Teil der Bevölkerung mittels Straftaten überzeugen zu müssen.

Was sich anfangs wie ein Abenteuer an fühlte, entwickelte sich schnell zu einem Albtraum, der mich mich bis zum heutigen Tage prägte. Damals hatte man mir einen Wahlspruch eingetrichtert: Vertrauen schaffen, aber selbst keines haben. Es folgte eine Zeit in der Sachbearbeitung, die mich in eine tiefe Lebenskrise stürzte. Ich nahm das volle Paket mit. Mobbing, Disziplinarverfahren, Durchsuchung meiner Wohnung und wurde fast vom Dienst suspendiert, mit anderen Worten als junger Familienvater meiner Existenzgrundlage beraubt. Ich erinnere mich noch sehr gut an die Worte meines Dienststellenleiters. „Fangen sie jetzt nicht an, gegen die Kollegen zu treten, das gibt ein schlechtes Bild ab!" „Glauben sie etwa, ich weiß etwas?" „Sie wissen zuviel!" War die prompte Antwort. Bitte sehr, warum unternahm denn niemand etwas? Am Ende lag ich mit achtundzwanzig Jahren das erste Mal auf dem Tisch, Schlauch im Hintern, Schlauch im Magen, Blut im Stuhl, alles was man so nicht braucht. Wollte ich noch weiter machen?

Das Mobile Einsatzkommando war in dieser Zeit meine Rettung. Die Kameradschaft, die damals bestehende Wärme untereinander und das Verständnis, anders als die anderen zu sein, rettete mich in dieser Krise. Ein Stück weit, war das Mobile Einsatzkommando zu meiner Familie geworden.

Herman mit seinen vierzig Jahren fünf Jahre jünger als ich, lernte mich erst viel spater als Ausbilder kennen. Sein Lehrgang war in zwei Abschnitte unterteilt. Ich hatte den Part übernommen, ihm zusammen mit den anderen Lehrgangsteilnehmern die unauffallige Beobachtung eines Straftaters beizubringen. Der Laie stellt es sich einfach vor, jemanden zu beobachten. Ist es aber ganz und gar nicht. Unbedarfte Menschen kennen aus dem Krimi nur das eine Auto, welches einen ganzen Tag lang dem bösen Buben hinter her fährt. Der Begriff hierfür ist: "Derrick - Gedenk - Observation". Es gehört schon eine gehörige Erfahrung und Spezialisierung dazu einen echten Täter, am Ende ein Bein zu stellen. Er wird alles dran setzen, um genau dieses zu verhindern. Genau darin bestand und besteht meiner Auffassung nach die Spezialität und nicht im martialischen Auftreten. Dies überließ ich immer gern anderen, die davon mehr Ahnung hatten. Ich persönlich bin in einer Hochhaussiedlung heran gewachsen, ich wusste immer, wann es Sinn macht, sich mit jemanden anzulegen, und wann ich besser eine andere Strategie entwickeln sollte bzw. andere kräftigere Kameraden vorschieben sollte. Im zweiten Teil wurde Herman dann von anderen ausgebildet, die ihm die offene Komponente der Arbeit vermitteln sollten. Herman erkannte fur sich selbst sehr schnell was gespielt wurde. Die Herrschaften im zweiten Teil erinnerten ihn ein wenig an seine früheren Ausbilder in der NVA.

Der mich unmittelbar ablösende Ausbilder war mir besonders anlässlich einer Fußballveranstaltung negativ aufgefallen. Seiner Auffassung nach sollte ich mich daran gewöhnen auch in Zivil gegen Hooligans vorzugehen. Ich machte ihm klar, wozu ich im Zweifel meine Waffe benutzen würde, wenn eine marodierende Hooligangruppe auf mich zu gerannt kommt. Ich hatte nämlich nicht vor zum zweiten Daniel Nivel gemacht zu werden. Nivel wurde 1998 im französischen Lens von deutschen Hooligans ins Koma geprügelt. Ich finde, an dieser Stelle kann ruhig dazu ein Wort mehr geschrieben werden. Einer der Hauptbeteiligten wechselte nämlich später zu dem Herrenverein Hells Angels über. Zusammen mit dem Hannoveraner Vorturner der Rocker trieb er sich dann eine ganze Weile auf Mallorca herum. Spätestens seit HoGeSa klingt das Wort Hooligans immer so verniedlichend. Die Rede kann immer nur von widerlichen Gewalttätern sein. Also fragte ich ihn, was das für ein vollkommen verblödetes Heldentum wäre, sich einer derartigen Meute von Totschlägern ohne Schutzkleidung entgegenzustellen. Der Mann gehörte zu der Kategorie, die sich gern mal körperlich einsetzen. So war es ihm leider nicht möglich, mir gedanklich zu folgen.

Herman ergriff damals die Initiative und lud mich damals zu einem Cuba Libre ein, also eigentlich zu einem Bier, aber wir beide hatten langfristig keine Lust auf „Brause". So war sie entstanden, diese im Ansatz schon vor der Wanderung bestehende Freundschaft.

Mit diesen Gedanken schaute ich durch das glasklare Wasser des Sees auf seinen Grund. Dann griff ich die Frage nach der weiteren dienstlichen Verwendung wieder auf.
„Ich habe keine Ahnung. Eigentlich wollte ich mich jetzt hier auf der Wanderung entscheiden. Es war eine sehr lange Zeit. Als ich damals den Bereich Verdeckte Ermittlungen verlassen habe, hatte ich mir eigentlich gesagt, beim Mobilen Einsatzkommando bis zum bitteren Ende zu bleiben. Aber alles ist anders geworden. Es gibt nicht mehr diese alte Kameradschaft. Nach dem Dienst gehen alle gleich nach Hause, es wird kein Bier mehr getrunken. Alle nehmen alles mit nach Hause. Jeder Mist wird abgedeckelt und schwelt wochenlang vor sich hin. Viele Jungens sind am Durchdrehen. Einfach nicht mehr meine Welt."

Herman starrte ebenso wie ich ins Wasser. „Ist bei uns auch nicht anders, Du hast Recht! Aber ich glaube auch, es ist so gewollt."
Ich warf einen Stein ins Wasser. „Und alles wird immer sinnloser. Fruher wusstest Du noch, warum Du mit 100 Klamotten durch die Straßen geheizt bist. Heute? Heute sind die Auftrage vollkommen sinnlos geworden. Am Ende geht irgendeiner drauf, und alle wussten es dann wieder besser. Irgendwann liegt ein totes Kind auf der Straße." Ich griff mir den nächsten Stein.

„Wir sind die Guten. Wenn MEK drauf steht, ist auch MEK drin! Mir gehen diese ganzen Spur so was von auf den Sack. Auf dem Weg an die Holländische Grenze haben wir mal einen ICE überholt. Wir haben ihm bis nach Köln fünfzehn Minuten abgenommen. Als wir wieder in Berlin waren, kommt der Alte herein und beglückwünscht uns zu unserer Leistung. Was soll ich Dir sagen, keine zehn Minuten später kommt sein Vertreter und weist uns darauf hin, bei 120 km/h kann uns keiner mehr bei Gericht retten. Und dann dieser Bedarfsorientierte Dienst! Diese Oberflachwichser wissen nicht einmal im Ansatz was das bedeutet." Missmutig ballte ich meine Fäuste.

„Ich war damals bei den Verdeckten in einem Assessmentcenter. Psychotest! Danach haben sie mich dann noch einmal zu einem Gesprach mit der Psychologin geschickt. Sagt die: Sie sind eigenartig! Ach was? Warum? Na, haben sie haben hier zum Beispiel angekreuzt das sie ihr Leben nicht planen. Da habe ich die angesehen und ihr mal mein Leben erklart. Ich habe Feierabend und gehe zur Dusche. Auf dem Weg zur Dusche heißt es, "Schones Wochenende". Beim Duschen heißt es mit einem Mal, wir haben dann Morgen doch um sechs Uhr Morgens Dienstbeginn, aus der Dusche heraus sind wir dann schon bei Mittags Dienst beginn. Um zehn Uhr am nachsten Tag, rufen sie Dich wahrend der Fahrt an und teilen Dir freundlich mit: Der Einsatz ist verschoben. Leckt mich doch. Und warum das alles, weil es alles kein Geld kosten darf."

Ich hatte mich in Rage geredet. Das bedeutete Bedarfsorientierter Dienst. Keiner wusste so genau, wie sich der nächste Tag gestalten würde. Niemand konnte mit Sicherheit eine Verabredung vereinbaren. Es lief immer auf ein eventuelles Treffen hinaus. Wir hatten immer Dienst, wie sich halt die Täter so ihre Zeit gestalteten. Damit konnte man sich noch abfinden. Es war aber nicht möglich ein freies Einsatzteam abzustellen, welches die plötzlichen unerwarteten Straftaten bediente. Warum plante man nicht so? Nun, es konnte nicht sein, dass eine überschaubare Anzahl von Beamten eine gewisse Zeit nicht beschäftigt waren. Also mit Hinterherlaufen! Untätigkeit hätte Sport, Schießen und Fahrzeugpflege bedeutet.

Sie müssen sich das als Leser so vorstellen. Sie arbeiten bei einer Firma innerhalb einer getarnten Sieben – Tage - Woche. Ihr Arbeitgeber kann jeden Tag in der Woche frei über sie verfügen. Er sagt ihnen für jeden folgenden Arbeitstag eine andere Arbeitszeit. Anders ist aber nicht nur der Beginn Ihres Arbeitstages, sonder auch die Anzahl der Stunden, die Sie arbeiten. An einem Tag arbeiten sie vielleicht acht Stunden, am nächsten Tag arbeiten sie unter Umständen sechzehn Stunden. Folgerichtig werden bei einer Sieben – Tage - Woche Überstunden entstehen. Diese können Sie sich aber nur auszahlen lassen, wenn der Mond in einer bestimmten Konstellation zur Venus steht. Jedenfalls werden Ihnen die Vorschriften hierzu so vorkommen. Sie werden sich denken, dann nehme ich halt frei. Nun dürfen Sie aber nicht denken, dass sie diese Stunden frei nehmen können, wann sie wollen. Weit gefehlt, auch dieses wird Ihnen vorgeschrieben.

Die friedliche Umgebung hinderte mich daran laut zu werden, aber im Wasser spiegelte sich mein Gesicht. Ich konnte sehen, wie mein Gesicht sich zusammenballte. Herman starrte ebenfalls ins Wasser „Vielleicht sind wir beide durch Fackel. Vielleicht sollten wir einfach was anderes machen."
„Ach ja? Was denn? Ich für meinen Teil hab nichts anderes gelernt. Die Alte will ihr Geld, die Kinder brauchen Geld, die Bank will Geld. Geht Dir doch auch nicht anders. Du bist ja sogar so schlau noch ein uneheliches Kind hinterher zu schicken!"

Herman seufzte. „Wer kann denn ahnen, dass man da auch schwanger werden kann." Es war die gleiche Strategie wie immer. Gegen Probleme half am ehesten Sarkasmus.
„Wenn Du das nachste mal kein Kleingeld fur einen Präser hast, ruf mich einfach an Du Gehirn."
Er winkte nur ab. „Ich muss jetzt erst einmal eine andere Dienststelle suchen."
„Herman? Was hast Du wieder angestellt?" fragte ich etwas erstaunt, denn diese Information war mir neu. Ich wusste sehr viel uber

Herman, aber vieles auch nicht. Eigentlich wusste ich gar nichts. Herman hatte das Talent mit seiner tiefen Stimme, Gestik und Wortwahl eine ganze Kneipe zu unterhalten. Aber er sprach nur von Einsätzen, Geschehnissen der Vergangenheit. Mehr oder weniger lustige Gegebenheiten, die normalen Menschen bisweilen die Sprache verschlugen oder wenigstens fur sie ein paar Fragen aufkommen ließen. So kannte ich zum Beispiel einen Bericht, in dem stand: - Im Rahmen der Rockerstreife kam es anlässlich einer Kontrolle des polizeilich hinreichend bekannt Ronny R. zu einer Widerstandshandlung.- Unerwähnt blieb die Ansprache Herman's an einen der Kuttenträger mit „Ey, Du Pimmel!". Da stand auch nichts davon, dass er in diesem Zuge auch noch ein Plakat fur eine Tattoo Konvention, gestaltet in den Farben des Clubs, abgerissen hatte. Herman erzählte von solchen Geschichten gern und ausschweifend.

Er verhinderte so erfolgreich Fragen, die er ungern beantwortete. Kaum einer wusste, wo Herman aufgewachsen war. Keiner wusste von seinem Vorleben in der DDR, geschweige denn, von seinem eigentlichen Beruf als Elektriker. Noch schwieriger wurde es, wenn es an sein Seelenleben ging. Herman wurde irgendwann mal in seinem Leben von einer Frau das Herz gebrochen. Er ware nie bereit gewesen, dies zuzugeben, aber in allen Gesprächen über Frauen, spurte ich das. Seit dieser Zeit hatte er sich vorgenommen, der Welt den Beweis für die Nichtexistenz von Liebe und Treue zu erbringen. So entwickelten sich insbesondere Ehefrauen zu seiner bevorzugten Beute. Ich erahnte, jenes war ihm genau mal wieder auf die Fuße gefallen.

In bestimmten Sachen unterschieden wir uns alle nicht. Wir definierten uns seit Jahren über unseren Beruf. Idealisten, die ihre Anerkennung, genau aus eben den Dingen holten, die wir halt so taten. Immer wenn es in Berlin brannte waren wir dabei. Irgendwann wurde uns diese Anerkennung verwehrt. Das ging Herman so, das ging mir so und vielen anderen die wir kannten. Der eine suchte sein Heil in der einen angeblich besonderen Frau, und war dankbar wenn er eine fand, die ihn auf den Arm nahm, gab alles was er gerade so ge-

ben konnte. Dann musste er aber feststellen, wie genau diese Frauen nur auf solche jagdwunden Manner gewartet hatten. Oftmals waren es Frauen, die gern ihre eigenen Probleme damit lösten, andere für ihre Probleme verantwortlich zu machen. Und genau da trafen sie den Kern. Verantwortung übernehmen brachte Ehre, aber leider nur vorübergehend. Viele Männer verfielen in Depressionen oder schlimmer noch, fingen an die Frauen zu stalken, wenn diese genug von ihnen hatten. Beides war schrecklich von außen her zu beobachten. Es tat einem in der Seele weh, wenn diese ehemaligen harten Jungens sich in sabbernde Lappen verwandelten.
Andere flüchteten sich in die Promiskuität, um sich dann halt über die Anzahl der Frauen die Bestätigung zu holen. Herman hatte sich instinktiv für letzteren Weg entschieden. Herman schaute mich an.
„Du kennst Poller?", fragte er leise.
Ich antwortete, „Wenn Du den aufstrebenden Teamführer mit begrenzten Möglichkeiten meinst? Ja!"
„Kennst Du auch seine Frau?" setzte Herman fort.
„Sagen wir mal so, ich hörte von Ihr."
Dies war dann doch mal wieder der Zeitpunkt für Herman' s dröhnendes Lachen. „Was soll's, ich habe sie jedenfalls gevögelt."
„Da bist Du glaube ich nicht der erste.", warf ich ein.
„Mag sein, aber vermutlich der erste, dessen Video davon auf ihrem Handy gefunden wurde."
„Das ist jetzt nicht Dein ernst?"
Herman rollte mit den Augen und machte eine mehr als bestätigende vulgäre Geste mit seinen Handen. „Na ja, in Folge dessen kam es zu einem Gesprach mit dem Alten, ich solle mir doch vielleicht etwas anderes suchen, da der Dienstfrieden nachhaltig gestort sein konnte."
„Was hast Du gesagt?"
„Ich habe gesagt, ich würde das grundsatzlich einsehen, aber jetzt auch nicht so ganz verstehe, ich meine die Tante ist ja kein Stuck Seife, was sich abnutzt. Und wenn alle gehen, die diese Seife benutzt haben, es ganz schon leer werden konnte. Was soll ich sagen ... Ich brauche irgendeine gute Idee."

Ich griff mir wieder einen Stein. „Ui! Warum geht nicht Poller? Ich meine, ein Teamführer der zum Alten geht, weil ihm Horner aufgesetzt wurden, ist jetzt auch nicht wirklich ein Highlight von Vorbild. Und zum Vogeln gehoren mindestens zwei Menschen."
„Fackel! Deshalb bist Du da, wo Du bist und nicht Häuptling, verstanden Kleiner?"
„Ah, Ja ... verstanden.!" Hiermit verstummte unser Gesprach, andachtig genossen wir die letzten Sonnenstrahlen, die sich uber dem Bergmassiv brachen und unser Kessel verdunkelte sich langsam. Der Kessel kühlte merklich ab.
„Lass uns noch einen Rum trinken und dann schlafen." schlug Herman vor. Wenig spater waren wir wieder an der Hutte angelangt und schauten nochmals sinnend in das unter uns liegende Tal. Von Ferne her horten wir ein stets sich wiederholendes menschliches Pfeifen und dazu das helle Klingeln kleiner Glöckchen. Es dauerte auch gar nicht lange, bis laut blokend die ersten Schafe an uns vorbei kamen. Ihnen folgten drei Hirten. Alle drei Manner trugen dunne, alte, schmutzige Buntfaltenhosen. Ihre Fuße steckten in zerschlissenen Herrenslippern, einer trug eine sehr alte grune Strickjacke und die anderen bei den zwei Jacken, bei denen es sich irgendwann einmal um ein etwas dickeres Jackett gehandelt haben durfte. Für den Transport ihrer Habseligkeiten trugen sie alte Armeerucksacke aus Leinen mit Lederriemen. In den Deckel des Rucksacks, hatten sie jeweils eine zusammengerollte dunne Schaumstoffmatratze ein geschoben.
Ihr Weg zur bereits beschriebenen Hutte unter uns fuhrte sie unmittelbar an uns vorbei. Ich kann es nicht anders beschreiben: Mit einem Knall trafen zwei Welten aufeinander. Aus ihrer Sicht saßen vor der Schutzhutte zwei Manner, die neben sich zwei riesige Rucksacke zu stehen hatten, die was sie vermutlich nicht wussten, dem neuesten Entwicklungsstand hinsichtlich Atmungsaktivitat, optimaler Gewichtsverteilung und Haltbarkeit der Außenhulle ent-sprachen. An den Fußen Schuhe, die dem Preis nach vermutlich dem Jahresgehalt der Hirten entsprachen. Jacken, die angeblich dazu in der Lage

sind innerhalb von drei Klimazonen maximalen Komfort zu bieten. Kurz formuliert, aus ihrer Sicht zwei vollig verblodete und verwonhte Touristen, welche man in seiner Landschaft halt so in Kauf nehmen muss. Ich habe keine Ahnung, ob sie tatsachlich so dachten, ich weiß nur, an ihrer Stelle hatte ich es getan und Hermans Gesichtsausdruck sprach ebenfalls Bande. Es ist beschamend den eigenen Luxus so vor die Nase gehalten zu bekommen.

Die Hirten verschwanden in ihrer Hutte und die Schafe verteilten sich unterhalb der Hütte im Tal. Leise klingelten ihre Glöckchen nun durch die auch hier eingetretene Dammerung. Wenige Zeit nach dem sich die Hirten in ihre Hutte verzogen hatten, kamen aus dem Tal drei Frauen nach oben gelaufen und gesellten sich zu den Mannern.

„Ob die auch funf Stunden gebraucht haben?" fragte Herman amusiert.
„Nein, mit Sicherheit nicht. Aber die hatten ja auch kein Gepack!" gab ich ihm lachend zur Antwort.
„Auf jeden Fall haben sie Spaß, dem Gesang nach zu urteilen durfte da jetzt der gute Selbstgebrannte fließen.", murmelte Herman während er sich selbst einen Schluck Rum genehmigte und fort fuhr „Ja ... aber auch ein schoner Pumakafig da unten. Ubrigens ... wer von uns beiden schlaft eigentlich drinnen? So wie Du schnarchst wird es kein Zusammen da drinnen geben."
„Großer, mach Dir keinen Kopf. Ich schlafe gern unter freien Himmel und heute scheint das Wetter stabil zu sein." Wenige Minuten spater schaute ich auf das Firmament uber mir und genoss erneut das Gefühl, auf etwas Ewiges zu schauen.

Das Buch der Bücher

Es gibt weder moralische noch unmoralische Bücher. Bücher sind gut oder schlecht geschrieben, sonst nichts. Oscar Wilde

Herman schaute in Richtung der Hütte. „Alter Schwede die Hirten haben gestern Nacht noch richtig Vollgas gegeben. Als ich das letzte mal auf die Uhr gesehen habe, war es zwei Uhr!" Er legte die Hände schützend vor die Augen. „Ob die noch am pennen sind?"
„Siehst Du Schafe?", fragte ich. So wie ich die Hirten einschätzte waren sie mindestens seit dem Morgengrauen wieder auf dem Weg zu den Weidewiesen. Nach einem Frühstück, welches aus einem Kaffee, trockenen Brot und einer Salami bestand, machten wir uns wieder auf den Weg. Wie unsere Vorganger es uns vorgemacht hatten, ließen wir zwei Notfalldecken und zwei Zigaretten in der Hütte zurück. Die Landschaft um uns herum wurde immer karger.

Aber dafür tauchten die Schafe wieder auf. Wie ich es erwartet hatte, waren die Hirten in aller Frühe aufgebrochen und standen jetzt weit oben über uns. Nach einigen Stunden Aufstieg, sah ich plötzlich ein Schaf vor mir auf dem Weg liegen. Ich als Stadtkind hatte den traurigen Eindruck von einem Schaf, welches wohl sein Leben hinter sich hatte. Der Lauf der Welt. Herman schloss zu mir auf und kam zum gleichen Ergebnis. Wie zwei Trottel standen wir ratlos vor dem vermeintlich toten Schaf. Wir berieten, ob es Sinn machen würde, einen der Schäfer herbei zu holen. Wir wollten ihm wenigstens den Verlust eines seiner Schafe mitteilen. Während wir noch überlegten passierte etwas vollkommen überraschendes. Alle Schafe um uns herum legten sich hin. Mittagspause! Schlicht und ergreifend Mittagspause! Alle Schafen hatten ein für uns unsichtbares Kommando bekommen. Wer kommt denn auf so etwas?
Erstaunt, aber doch auch ein wenig erleichtert, kletterten wir immer weiter, bis wir sogar die Hirten hinter uns gelassen hatten. Endlich

erreichten wir den Pass Col d'Illheou auf 2242 Metern. Unser erster richtiger Pass. Wir hatten uns gequält, gezweifelt und nun standen wir endlich hier oben. Was für ein Blick! Das Panorama belohnte uns für die Mühen! Nach all den Strapazen, hätte es mir gereicht, an diesem Punkt für immer zu verweilen.
Doch plötzlich schoss mir ein Gedanke durch den Kopf. Es war ja ganz nett, hier oben endlich angekommen zu sein, aber der Weg ging weiter, und zwar wieder nach unten. Unser Tagesziel war der lac D'Illheou auf der Höhe von 1975 Metern, an dem sich meiner Information nach eine Art Restauration befinden sollte.

Beim Abstieg bekamen wir nun auch eine Vorstellung davon, was in den Pyrenaen unter der Zone Pastorale zu verstehen ist. Jegliches Viehzeug, bei Kühen angefangen, bis zu Pferden, Eseln, Schafen und Ziegen durchstreift frei die Berglandschaft. Diese Tiere können sehr anhänglich werden, besonders dann, wenn sie Schlafsäcke und Isomatten für eine willkommene Nahrungsergänzung halten.

Mehrfach hatten wir auf den folgenden Kilometern ungewollte Begleiter. Als besonders lästig erwies sich ein Hengst, der sich in meine orangefarbene Isoliermatte verliebt hatte. Wie ich noch mehrfach feststellen musste, lieben Pferde scheinbar orangene Isoliermatten. Vielleicht halten sie sie für riesige Mohrrüben. Aber nach einer halben Stunde Flucht und beschimpfen hatten wir eine Einigung über die Besitzverhältnisse bezüglich der Mohrrübe hergestellt. Dieses Mal erreichen wir sogar innerhalb des Zeitplans den See. Tatsächlich tauchte nach einer Biegung ein Haus mit einer großen Sonnenterasse auf. Der See ist eingebettet zwischen mehreren 2000ern, unter anderen bietet er eine fantastische Sicht auf den 2566 Meter hohen pic de Courounalas. Wegen seiner Klarheit wird er auch als der "Der blaue See" bezeichnet. Er befindet sich mitten im Nationalpark. Glücklich stellten wir unsere Rucksacke auf der Terrasse ab, die sich direkt gegenüber dem pic de Cou rounalas befindet. Jetzt war erst einmal ein tiefes Durchatmen angesagt. Herman fand als erster von uns beiden wieder zurück zu den wesentlichen Aspekten des

Lebens.

„Meinst Du, die haben hier so ein richtig kaltes Bier?" fragte er mich strahlend in Erwartung eines Kaltgetränks. Ich zuckte mit den Schultern. „OK, was heißt Bier auf Französisch?"
„Biere!"
„Und zwei Biere?"
„Deux Biere!"
„Gut ich gebe mein Bestes!" Gesagt und Getan. Wenig spater tauchte ein glücklicher Herman bewaffnet mit zwei Lagerbieren auf.
„Den Rest musst Du regeln, aber den wichtigen Teil hätten wir schon einmal geregelt, Prost!" Dankend griff ich zu und checkte die Lage um mich herum. Auf und in der Umgebung der Terrasse hatten sich Wanderer und Touristen unterschiedlichster Couleur gesammelt. Der absolute Klassiker war eine Gruppe von französischen Bergsteigern, wie sie einem europaweit in allen Hochgebirgsregionen begegnen. Kleine drahtige langhaarige Abenteurer mit kleinen Rucksäcken, auf dem Weg zum nächsten Adrenalinkick. Eben zu dieser Sorte, schien auch die Verantwortliche für die Hütte zu gehören. Eine sehr drahtige ca. fünfunddreißig jährige Französin, deren Haut von der Hochgebirgssonne gegerbt war. Der Rest der Gäste hatte offensichtlich aus einem anderen Tal einen Tagesaufstieg gemacht und wollten nur eine Nacht pausieren. Die sonnengegerbte Brünette kümmerte sich um die Getränke und kommandierte eine im verborgenen arbeitenden Köchin. Ihre definierten Unterarme und die hagere Figur verrieten die Kletterin. Aus dem Augenwinkel heraus sah ich, wie Herman in den Jagdmodus überwechselte. Prompt kam aus ihm heraus, „Nur mal anfassen!"
„Vergiss es Alter, die reißt Dir nach ca. drei Minuten deinen kleinen Herman ab. Ich werde mich mal darum kümmern, wo man hier schlafen kann." Es stellte sich heraus, dass man sich für eine Übernachtung innerhalb der Hütte anmelden musste. Hierfür waren wir zu spät, aber gegen einen sehr kleinen Geldbetrag konnten wir am Essen teilnehmen. Die Brünette erklärte mir, wo wir schlafen könnten. Am Ufer des Sees wäre extra ein Platz, an dem man mit

einem Einmannzelt bzw. mit einem Biwak nächtigen könne. Zuruck bei Herman, beschrieb ich ihm unsere Lage. „Also ich würde vorschlagen, wir essen hier und danach gehen wir zur Stelle, die sie uns beschrieben hat." Herman stimmte mir zu. Wenig später saßen wir eine Suppe schlürfend mit zehn anderen Wanderern zusammen.

„Das finde ich cool, ich hab so etwas noch nicht erlebt. Ich muss Dir sagen, es gefällt mir. Was meinst Du, was kostet so eine Hütte? Das wäre genau mein Ding.", begeisterte Herman sich nach dem Essen.

„Und dann?" ,fragte ich ihn skeptisch.
„Na dann schmeißen wir hier den Laden, mit allem drum und dran. Verkaufen Outdoor Klamotten, Proviant und was man sonst noch so unterbringen kann."
Seine Idee überzeugte mich nicht. „Du meinst nicht, die Laufkundschaft hält sich in Grenzen? Und unter Umständen schon alles mit bringt, was sie so brauchen?"
Herman drückte spielerisch missgelaunt eine Zigarette auf der Terrasse aus. „Manchmal Fackel ... aber nur manchmal, bist Du echt ein Spielverderber!" Wir bedankten uns für das Essen und schulterten wieder unsere Rucksäcke. Der Weg am See war bequem und wir fanden recht schnell den beschriebenen Lagerplatz.

Auf der Wiese standen bereits zwei kleine Einmannzelte. Die beiden Typen, die zu den Zelten gehörten, saßen an ihrem Kocher und bereiteten sich eine Mahlzeit zu.
Ich grüßte auf Englisch. Aber die beiden hatten zuvor schon gehört, wie ich mich mit Herman unterhalten hatte. "Du kannst mit uns Deutsch sprechen."
„Ach seid ihr Deutsche?"
„Nein, Franzosen aus dem Elsass." Herman fing sich spontan von mir einen Hieb in die Rippen ein.

Auch ohne ihn anzusehen, musste ich einen blöden Spruch über das Elsass befürchten.
„Ah, cool, wir kommen nachher mal rüber. OK?" ,schlug ich den bei-

den vor. Die Elsässer stimmten zu. „Ja klar, wir bleiben über Nacht hier!" Nachdem Herman und ich unser Nachtlager vorbereitet hatten, gesellten wir uns dann tatsächlich zu den beiden. Die beiden entpuppten sich als zwei ca. dreißigjährige dicke Freunde. Einer der beiden hatte bereits jahrelange Erfahrung mit dem Wandern. Der andere hatte sich spontan dazu entschlossen seinen Freund zu begleiten. Netter Weise ließen sie uns an ihrem Rotwein teil haben, woraufhin wir unsere letzten Rumreserven und vier Bier bei steuerten.
„Ihr kommt aus dem Elsass? Futtert ihr wirklich standig diesen Flammkuchen?" ,fragte Herman halb interessiert und halb lästernd.

Der angesprochene Elsässer war nicht auf den Mund gefallen. „Frisst Du ständig Bratwurst und Sauerkraut?"
„Äh, weniger ...! Musste nun Herman einräumen.
Der Elsässer setzte nach. „Nein wirklich nicht. Ich glaube, ich habe das Zeug einmal in Deutschland gegessen, ist aber nicht mein Ding."
"Wo wollt ihr hin?" Die Frage war an mich gerichtet. „Wir wollen den GR10 entlang laufen, soweit wir kommen. Wenn unsere Zeit vorbei ist, nehmen wir uns den nächsten Bus in einem Ort zu einem Bahnhof und dann ab nach Paris. Wir haben ein Interailticket. Damit können wir an vier Tagen innerhalb von drei Monaten, so viele Fahrten mit der Bahn machen, wie wir wollen. Und ihr?"
Der erfahrene Wanderer deutete auf meinen Rucksack, der sogar noch kleiner wirkte, als der von Herman. „Ich habe den Trail schon einmal komplett gemacht. Jetzt laufe ich jedes Jahr nur ein paar Teilabschnitte, so einfach zum Relaxen. Ihr habt da ganz schöne Klopper auf dem Rücken."
Ich zeigte ebenfalls auf meinen Rucksack. „Na ja, wir haben uns halt auf mindestens zwei Monate vorbereitet. Da kommt schon ein wenig was zusammen. Ein paar Unterhosen, Socken, zwei Hosen lang, eine Hose kurz, eine dünne Jacke, eine Regenjacke, Verbandsmaterial, ein Brenner, Biwaksack, Isomatte, Schlafsack ... was man halt so braucht."

Der Elsässer sah mich mitleidig an. „So habe ich auch mal angefangen."
Ich war etwas irritiert. Nachdenklich schaute ich meinen Rucksack. „Hm, habe ich zuviel?"
Der Gefragte zuckte mit den Schultern. „Also ich habe eine Unterhose, zwei paar Socken und eine Jacke. Im Zweifel wasche ich die Klamotten im Bach."
Ich überlegte mir in diesem Augenblick, wie er denn über Hermans Tarp, Axt und Säge denken würde, verkniff mir aber jeden Kommentar. Herman hielt sich auch heraus, aber er dachte sehr laut. Irgendwann kamen wir im Zuge des Gesprächs darauf, wie sinnvoll ein Buch wäre, mit dem man sich mal zurück ziehen konne. Jetzt war meine Neugier geweckt. Was für ein Buch würden diese beiden Puristen in den Rucksack packen. Vielleicht etwas lebensbegleitendes? Den Siddharta von Hesse, vielleicht sogar etwas von Sartre oder einfach einen banalen Thriller? Was würde jetzt als Antwort kommen? Die Antwort zog mir die Schuhe aus.
„How to shit in the woods."
Bitte? Was? Das war nicht sein ernst oder? Heute weiß ich, der Titel ist mehr die Provokation einer Autorin, die sich mit der Verschmutzung der Umwelt durch den Tourismus auseinandersetzt. Nun wenigstens bei mir und Herman war die Provokation auf ganzer Linie angekommen. Ich war leider für weitere Nachfragen zum Titel zu konsterniert. Es gab scheinbar ernsthaft einen Menschen, der über dieses Thema ein ganzes Buch geschrieben hatte. Ich wechselte schnell wieder das Thema .

Im weiteren Verlauf redeten wir über Berlin und verblieben mit der in solchen Fällen üblichen Floskel. Man könne sich ja vielleicht mal in Berlin sehen. Aber die Sache mit dem Buch sollte noch in einer sehr schrägen Art und Weise in die zweite Runde gehen. Als ich am nächsten Morgen wach wurde, erblickte ich Herman auf einem Felsen, von dem aus er mich im Sitzen von oben herab betrachtete. Offensichtlich erwartete er mein Erwachen. Etwas verstört schaute

ich ihn von unten herauf an.
Herman machte ein bedeutungsvolles Gesicht. „Der kackt wie wir!" sagte er kurz und trocken.
„Bitte was?" fragte ich verständlicher Weise etwas irritiert. „Na der Elsässer! Er kackt wie wir!"
„Und bitte woher genau willst Du das wissen?" Herman zeigte auf die beiden Zelte der anderen. „Ich habe gewartet, bis er kacken geht! Dann bin ich ihm gefolgt. Dahinten hinter den Felsen, kleine Mulde, ein paar Steine drauf und fertig! Du hast mir doch observieren bei gebracht. Verrückte Scheiße!"

Die beiden Neuen

Seinem Freunde soll man Freund sein, ihm und seinen Freunde

Altgermanisches Sprichwort

Als wir uns beide wieder auf den Weg machten, waren die Elsässer längst fort. Dieses Mal führte uns der Weg eine lange schmale Piste entlang, die sich aber schnell verbreiterte. Unser Tagesziel hieß Cauterets. Wir hatten uns beide darauf verständigt, entweder in Cauterets oder eine Stadt später auf unsere beiden anderen Begleiter zu treffen. Außerdem brauchten wir beide dringend für einen Tag sanitäre Anlagen. Unser Geruch war nicht mehr zu rechtfertigen. Doch zuvor galt es erst einmal durch eine immer grüner werdende Berglandschaft Kilometer für Kilometer bergab zu laufen. Nach einiger Zeit erblickten wir ein eher unschönes Phänomen. Die Rede ist von den Auswirkungen des winterlichen Skizirkus. Auf dem Weg nach Cauterets war es die Station de Lys, die mit Sicherheit im Winter ihren Reiz hat, im Sommer aber mehr als Mahnmal für den Raubbau an der Natur steht. Deutlich waren die Riefen der Schlepplifte zu erkennen und die gerodeten Pisten zerstörten den Anblick der Landschaft. Schon vor Jahren hatte ich diesen Effekt bereits einmal in Südtirol beobachtet, als ich damals mit meinen noch sehr kleinen Kindern auf der italienischen Seite im Ortlergebiet wanderte. Beim Anblick der planierten Geröllpisten schwor ich mir, nie wieder Abfahrtsski zu laufen. Der Anblick, der zwar grünen, aber planierten und durch Erosion vernarbten Landschaft, bestätigte mich in meinem Entschluss. Wobei dies keine Kritik an den Menschen in der Region ist, denn die Verdienstmöglichkeiten im Winter sind unweit größer, als sie es im Sommer sind. Von irgendetwas müssen sie ja nun einmal leben.

Ohne weitere Vorkommnisse erreichten wir bei bedeckten Himmel den Campingplatz GR10 in Cauterets. Wenige Minuten später öffnete sich der Himmel und es begann in Strömen zu gießen. Wir suchten im Innern eines Sanitäts- und Aufenthaltsgebäudes Schutz. Nun galt es heraus zu finden, wo sich unsere beiden zu künftigen Mitstreiter befinden würden. Wir machten eine Ausnahme und schalteten unsere Telefone ein. Ein Stakkato von Signaltönen, die uns sagten wie viele Anrufe und Nachrichten wir verpasst hatten, machten uns klar, wie weise die Entscheidung gewesen war, die Geräte aus zulassen. Während Herman versuchte eine Verbindung herzu stellen, regelte ich im Anmeldungsbüro die Formalitäten und bestellte vorsorglich zwei nebeneinander liegende Flächen. Ute und Käthe waren zwar bereits seit geraumer Zeit auf dem Weg, hatten sich jedoch hoffnungslos verfahren. Mit ihrem Eintreffen in Cauterets war nicht vor drei Stunden nach unserer Ankunft zu rechnen. Herman und mir blieb nichts anderes übrig, als den Regen abzuwarten und uns zu gedulden. Wir versorgten uns mit ausreichend Bier, mehreren Packungen Zigaretten und richteten es uns gemütlich unter einem Vordach am Haupteingang des Campingplatzes ein.

„Ich bin gespannt, was die beiden alles so dabei haben." überlegte Herman laut beim Öffnen des ersten Bieres.
„Nun bei Deiner Beschreibung der beiden, so ziemlich alles was ein Verkäufer zwei solventen Bullen aufschwatzen kann." ,antwortete ich

amüsiert.

„Die beiden wollten sich sogar ein neues Zelt kaufen. Ich tippe mal, Dschingis Kahn würde vor Neid erblassen, mit eingebauter Klimaanlage, Carport und allen drum und dran."

Da kam mir eine Idee „Na auf jeden Fall, können wir Ihnen diverse Sache aufs Auge drücken, die wir nicht mehr brauchen."

Herman schlug mir auf die Schulter. „Das Fackel, ist mal eine richtig gute Idee." Er zeigte in den Raum hinein, in dem sich unsere Rucksäcke befanden. „Ich werde nachher gleich mal anfangen, den ganzen Ballast auszusortieren."

„Vergiss den Messbecher nicht Du Spinner!"

„Ah, der Herr ist wieder ein ganz Schlauer. Ex- Kumpel Fackel." blaffte Herman zurück.

Der Regen produzierte einen Sprühnebel, der uns dazu zwang, weiter in das Gebäude zurück zu weichen.

„Die beiden werden nicht gerade begeistert sein, wenn sie hier im Regen an kommen!" bedauerte Herman. „Mach Dir keine Sorgen, da hinten ist ein Zettel mit dem aktuellen Wetterbericht, Morgen kommt wieder Sonne mit 28 Grad. Solange machen wir halt mal Camping. Ich denke mal wir beide schlafen am besten hier im Raum, ich habe keinen Nerv auf ein zweites Mal Waterboarding."

Die Erinnerung an meine erste Regennacht hing mir immer noch hinter her. „Sag mal, ich kenne die beiden aber wirklich nicht, oder?"

Herman überlegte. „Ute eventuell schon, er war mit mir zusammen bei den Rocker Aufklärern, Käthe arbeitet schon seit Jahren auf dem Abschnitt im zivilen Streifendienst. Aber Du wirst sie wirklich mögen. Ute war eine ganze Weile im Kosovo oder war es Afghanistan? Egal, jedenfalls Auslandsmission, zwei saubere echt lustige Typen. Den Rest habe ich Dir ja schon erzählt."

Während wir beide uns es auf einer Holzbank im Raum einiger Maßen bequem eingerichtet hatten, rannten immer mal wieder ein paar Kinder durch den Raum. Die Rasselbande war eine bunte Mischung zwischen Holländern, Belgiern und Franzosen, deren Eltern mit ihnen offensichtlich Campingurlaub machten.

„Was ist eigentlich mit deinem Sohn? Siehst Du ihn regelmäßig?" Fragte ich beim Anblick der Kinder.
„Dem geht es gut!" antwortete Herman sehr kurz und knapp. Es war die klassische Gesprächssituation, in der man merkte, wie der andere sofort komplett dicht macht. Ein einziger Blick in sein verfinstertes Gesicht sagte mir, ich solle keine weiteren Fragen mehr stellen. Ich musste aber auch keine Fragen stellen. Ich kannte diesen Schmerz. Ich erinnerte mich an die Worte einer meiner eigenen Töchter nach der Scheidung. „Papa, Du warst immer mein Held! Dann hast Du unsere Mutter, uns verlassen, ab da warst Du nur noch ein fieser Typ!"

Ähnliches war offensichtlich auch Herman widerfahren,und gerade Herman war ein Typ, der der Held seines Sohnes sein wollte. Herman schwenkte sofort um und versuchte von sich abzulenken.
„Sag mal, diese verdeckte Nummer machst Du aber nicht mehr oder? Ich frag nur, damit ich weiß, was ich den beiden erzählen kann, wenn sie irgendeine Frage zu Dir haben."
Ich winkte ab. „Du kannst alles sagen, was Du weißt. Ich bin raus aus der Nummer. Und das ich Verdeckte Operationen geführt habe, ist bekannt, nur nicht was ich da eigentlich getan habe!"
Herman nickte, setzte aber nach. „Eigentlich finde ich das ja ganz spannend, aber Du kannst wahrscheinlich nichts erzählen oder?"

Ich versuchte ein Lächeln hin zu bekommen. Seine Frage traf ins Schwarze. „Richtig! Vielleicht irgendwann mal, wenn sehr viel Zeit vergangen ist. Wichtig war, was ich Dir damals gesagt habe, aber da wolltest Du ja nicht auf mich hören."
Herman sah mich fragend an, während er schon das nächste Bier in der Hand hatte. „Was meinst Du?" Auch ich griff mir ein neues Bier.

Als ich es geöffnet hatte, sah ich ihn ernst an. „Du erinnerst Dich, als Du mich mal gefragt hast, ob Du den Job als Führer für V-Leute übernehmen sollst?"

„Ja, das war in dieser Kneipe bei Dir um die Ecke."
„Ich habe Dir gesagt, es gibt eine unsichtbare Linie. Überschreitest Du die, wird es nie wieder so sein, wie es vorher war. Vertrauen schaffen, aber niemals selbst Vertrauen haben! Selbst wenn Du denkst, Du kannst zu jemanden Vertrauen haben, vertraue Dir selbst nicht. Du kannst nur jemanden vertrauen, den Du selbst in der Hand hast. Hast Du nichts in der Hand, halte einfach Deinen Mund." Ich schaute ihm in die Augen.

„Du fängst an Menschen zu kontrollieren, Du manipulierst, Du fängst an Dir bei jeden Menschen die Frage zu stellen, wo sein Motiv ist. Aber, Du wolltest nicht hören! Und dann bekommst Du ein zweites Problem. Privat ist alles kompliziert. Die Frauen wollen mit Dir reden, sie wollen Gefühle, sie wollen verstanden werden. Auf der anderen Seite gibt es das Milieu. Da ist es einfach. Die Weiber sind aufgestrapst und wenn es Probleme gibt, nimmst Du halt eine andere. Dann kommt der Tag, an dem Du feststellst: So wollte ich nie sein!"
Herman sah auf den Boden vor sich. Ich konnte ihm ansehen, wie er sich nicht nur erinnerte, sondern ich nicht ganz unrecht hatte. Herman nahm einen großen Schluck vom Bier und wollte zu einer Antwort ansetzen, wurde aber jäh durch das Klingeln des Telefons unterbrochen. Im gleichen Augenblick tobten die Kinder wieder an uns vorbei. Herman stand auf um sich in einen ruhigeren Bereich zu verziehen.
„Darüber müssen wir nochmals reden."
„Vielleicht!" antwortete ich sehr kurz angebunden.

Herman kehrte nach wenigen Minuten wieder zu mir zurück. „In ein paar Minuten sind die beiden hier. Keine Ahnung wo die lang gefahren sind, aber sie haben wohl einen Typen aufgetrieben, der sich hier auskennt und einiger Maßen Deutsch konnte. Lass uns heraus gehen."
Auf den Punkt hatte der Regen aufgehört. Die Dämmerung hatte

noch nicht eingesetzt, der Platz wurde durch die durchbrechende Sonne wieder in ein freundliches Licht getaucht. Tatsächlich erschien nach einiger Zeit auf der Zufahrt ein BMW Kombi. Mit einem großen Hallo stiegen die beiden Neuankömmlinge aus und streckten erst einmal ihre Knochen.
Herman stellte uns gegenseitig vor, in seinen Händen hielt er zwei Bier. „Bier?"
„Aber so was von!" antwortete der kleinere und deutlich kräftigere der beiden. Es handelte sich, wie ich wenig später erfuhr um Käthe. Sein Freund Ute tat es ihm gleich und schaute über den Platz.
„Alterchen, was für eine Fahrt. Keine Ahnung, was der Dicke mit der Karte angestellt hat, ich muss nachher mal schauen, ob er vielleicht aus Versehen den Stadtplan von Berlin genommen hat."
„Wie lange seit ihr denn gefahren?" fragte ihn Herman. Ute schaute auf die Uhr. „Heute? Von Paris aus knappe elf Stunden."
„Ganz schönes Brett!" entgegnete ich mit einem anerkennend verzogenen Gesicht. „Ich schlage vor, ihr fahrt uns mit Eurem Auto hinter her zu unserem Platz. Dann können wir sehen, ob man den Platz trotz des Regens benutzen kann oder ob eine Sumpflandschaft entstanden ist."

Am Platz angekommen fanden wir alle gemeinsam überrascht einen deutlich weniger durchnässten Platz vor, als wir befürchtet hatten. Das Gras war zwar feucht, doch der Boden hatte das Regenwasser gut aufgenommen.
Ute ergriff die Initiative. „Ihr habt kein Zelt oder?"
Ich schüttelte den Kopf. „Nein, wir haben Biwaksäcke, ein Thema für sich! Aber dafür brauchen wir weniger Platz."
Ute deutete auf den hinteren Bereich des uns zugewiesenen Areals. „Dann schlage ich vor, Käthe und ich stellen unser Zelt vorne hin und ihr beide packt Euch in den hinteren Bereich, dann decken wir Euch ein wenig ab."

Der Mann dachte mit. Für alles was dann in der nächsten halben

Stunde statt fand, hätten Herman und ich eigentlich Eintritt bezahlen müssen. Wir setzten uns beide auf unsere Isomatten und beobachteten die zwei beim Aufbau eines Zwei- Mann -Kuppelzelts der gehobenen Preisklasse. Am ehesten lässt sich die Szenerie nachvollziehen, wenn man sich ein Ehepaar vorstellt, welches nach zwanzig Jahren Ehe beschlossen hat, mal etwas Neues zu machen. Ächzend, stöhnend, fluchend, sich gegenseitig Vorwürfe machend, rannten sie um einen Haufen aus Zeltplane, Stangen und Baumwollinnenzelt herum. Nach mehreren Fehlversuchen, in Zuge derer Käthe mehrfach im zusammengebrochenen Zelt verschüttet war, hatten sie es dann endlich geschafft. Glücklich und erschöpft taten sie es uns gleich und setzten sich auf ihre Isomatten. Sie waren gerade noch innerhalb des letzten Dämmerungslichtes fertig geworden, auf dem restlichen Platz war längst Ruhe eingekehrt, die einzige Bewegung war die typische Karawane zum Waschhaus, die vermutlich auf allen Campingplätzen zu beobachten ist.

„Na dann erzählt mal, wie war es bisher?" fragte Käthe den betont lässig vor ihm liegenden Herman.
Der setzte zu einem ausgiebigen Bericht an. In der ihm eigenen ausschweifenden Art schilderte er den Zug der Siechenden in Lourdes. Es folgte die Beschreibung der Wanderwege. Die beiden mussten den Eindruck bekommen, dass wir uns mehrfach in Lebensgefahr befunden hatten. Ich ließ ihn gewähren. Bei Käthe stieg eine gewisse Besorgnis auf.
„Na ich kann nur hoffen mein Knie hält. Meine alte Kreuzbandverletzung macht mir wieder Probleme. Aber ich werde es ja sehen, ich habe zumindestens alles dabei."
Hatte er nicht, aber das stellte sich erst in den nächsten zwei Tagen heraus. Gerade mich sollte er noch in eine sehr spezielle Situation bringen. Schnell wechselte das Thema auf die Ausrüstung, wobei es zur Dritten Runde „How to shit in the Wood" kam. Der Einstieg kam über Käthe. Herman und ich ließen Ute und Käthe bei der Schilde-

rung ihrer Einkäufe still amüsiert gewähren. Bis zu dem Zeitpunkt, als Käthe seine tragbare Toilette erwähnte. Eine Art Umzugskarton mit Sitzauflage, Deckel und einem Innenleben, in dem man Müllbeutel befestigen kann. Bereits zu diesem Zeitpunkt entwickelten wir eine klare Vorstellung davon, wie seltsam es aussehen musste, wenn Käthe mit seinem Karton am Wegessrand sitzen würde. In unserer Vision stellten wir uns vor, wie eine vollkommen harmlose Wandergruppe an ihm vorbei zog und er sie freundlich mit einem „Hallo, Ich kacke hier!", begrüßen würde. Nachdem ich wieder etwas Sauerstoff gewonnen hatte, der mir beim Lachen vollständig abhanden gekommen war, verwies ich auf Herman, der aufgrund der Observation eines Elsässers ein ausgewiesener Fachmann zum Thema „Kacken im Gebirge" geworden war. Jetzt rangen die beiden anderen nach Luft. Mit dem gegenseitigen Versprechen unsere Ausrüstung nochmals einer Prüfung auf Zweckmäßigkeit zu unterziehen, ließen wir den Abend aus klingen. Bevor wir uns endgültig in die Schlafsäcke verzogen, nahmen wir noch eine heiße Dusche.

Während ich versuchte einzuschlafen wanderten meine Gedanken noch einmal zum Gespräch mit Herman. Ich hätte ihm gern erzählt, was ich da eigentlich in den letzten zwei Jahren so getrieben hatte. Zumal ich ein ihn unmittelbares Geheimnis mit mir herum trug. Einer der Männer, die ich da draußen als Verdeckten Ermittler betreut hatte, nahm mir das Versprechen ab, Herman niemals etwas über ihn zu erzählen. Die Welt hatte sich einmal mehr als zu klein erwiesen. Die beiden waren zusammen aufgewachsen, hatten gemeinsam eine Schule besucht und sogar die Armeezeit miteinander verbracht. Vieles was ich aus dieser Zeit mit mir herum schleppte, hätte ich gerade Herman auf der Wanderung gern erzählt. Wie schwer es gewesen war, trotz der vielen Arbeitsstunden ein halbwegs guter Vater gegenüber der bei mir zeitweilig wohnenden Tochter zu sein. Wie ich kläglich gescheitert war, was sich durch den Rückzug zu ihrer Mutter zeigte. Ich hatte meinem Vorgesetzten, einem aus gemachten Widerling, den ich schon seit meiner ersten Zeit bei der Polizei kannte,

Schläge angeboten. Wie sehr mich dieses ganze Milieu ankotzte! Doch schnell wäre ich in das Risiko gekommen, Herman Dinge zu erzählen, die ich ihm nicht erzählen durfte. Ich konzentrierte mich darauf, diese Gedanken aus meinem Kopf zu verdrängen und ging im Geiste nochmals die vor uns liegende Strecke durch. Ich war gespannt, wie Käthe und Ute sich machen würden. In einem war ich mir sicher, wir würden unseren Spaß haben.

Typische Konversationen

Alles Leid des Menschen kommt vom Menschen.

Senecea

Bei ein paar Croissants mit Salami und Butter lernten wir uns dann ein wenig näher kennen. In der Regel kann man davon ausgehen, Polizisten die auf der Straße arbeiten, brauchen nur eine sehr kurze Zeit um sich näher zu kommen. Interessanter Weise funktioniert dieses auch international. In den 90zigern reiste ich dienstlich in die damals noch existierende Tschechoslowakei. Hier kam es zu einem Treffen mit den Gebietsvorsitzenden. Thema war die zunehmende grenzüberschreitende Kriminalität von Jugoslawischen Albanern, die die zerfallende Republik als wahres Eldorado entdeckt hatten. Ich begleitete meinen Kommissariatsleiter, dessen Alkoholproblem schnell zu einem Ausfall führte. Er konnte in den Nachmittagsstunden den von einem Dolmetscher übersetzten Gesprächen in einem Teplicer Bierkeller nicht mehr folgen. Mit einem Mal standen zwei sehr stämmige Männer mit langen Lederjacken vor mir. Der Dolmetscher fragte mich, ob ich daran interessiert wäre die Stadt aus der Sicht der Kollegen kennenzulernen. Natürlich war ich das.
Wenige Minuten später verfrachtete man mich in einen uralten Lada. Die beiden Zivilfahnder fuhren mich von einer Villa zur nächsten. Sie klärten mich darüber auf, wie die Jugo Albaner, die ich noch als Hüt-

chenspieler kennengelernt hatte, nunmehr Dank Menschenhandel, Drogen und Kfz-Verschiebung zu Multimillionären geworden waren. Nach Aussage der Fahnder ging jede vierte Frau in der Stadt der Prostitution nach. Als wenn dieser persönliche Schock für einen Berliner Ermittler noch nicht gereicht hätte, fuhren sie mich anschließend zu einem Hotelkomplex mit einem großen Parkplatz. Bei sämtlichen dort abgestellten Fahrzeugen handelte es sich um gestohlene hochwertige Karossen, die von bewaffneten Jugoslawen bewacht wurden. Erst ein paar Straßenzüge weiter begegnete uns dann ein privater Sicherheitsdienst. Bei den Mitgliedern stachen sofort die sauberen modernen Uniformen und nagelneuen Revolver ins Auge. Im Vergleich dazu hatte ich wenige Stunden zuvor die Uniformen der regulären Polizei begutachten können, die dem Klischee eines Ostblock Staates entsprachen. War das unter Umständen auch die Deutsche Zukunft? Ich dachte hierbei an private Sicherheitsunternehmen, die in Berlins Straßen bereits patrouillierten. Nach der Tour landeten wir in einem Hotel. Leider erwies sich unser Dolmetscher nicht ansatzweise als so trinkfest wie wir. Der arme Mann litt schon nach kurzer Zeit am Verlust der eigenen Muttersprache und der Deutschen Sprache. Als wir da so wild gestikulierend saßen, kam mir die Idee, die Receptionistin gegen Zahlung eines passenden Geldbetrags mit an den Tisch zu holen, da sie mit Sicherheit Deutsch sprach. Es brauchte eine ganze Weile, sie davon zu überzeugen. Sie befürchtete weiter gehende Anliegen. Im ersten Augenblick waren die beiden Kollegen nicht sonderlich glücklich über meine Initiative. Sie befürchteten, sich im Beisein einer Fremden nicht unbefangen über unsere Belange unterhalten zu können. Ich bat die junge Frau, den beiden Kollegen eine Frage zu stellen: Fragen sie bitte die beiden Herren, ob sie verheiratet sind? Haben sie Kinder? Sind sie der Meinung korrekt bezahlt zu werden. Die eben noch skeptischen Blicke der beiden hellten sich auf und wir hatten ein Gesprächsthema. Wir waren schlicht der gleiche Schlag Mensch. Was da damals funktioniert hatte, funktioniert erst Recht, wenn es in der gleichen Stadt passiert. Somit gab es zwischen mir Käthe und Ute keinerlei Probleme.

Ute machte es uns besonders einfach.
„Sag mal Fackel, Du bist doch schon ewig dabei. Dann müsstest Du doch eigentlich Zwille kennen?". fragte mich Ute.
„Klar kenne ich Zwille, wir waren fünf Jahre in einem Team. Zwille unser Frauenbeauftragter! Hatte eine Frau ein Problem, kein Thema, Zwille nahm sich ihr an.", antwortete ich belustigt.
Jetzt schaltete sich Herman ein. „Zwille!? Mit Zwille war ich in Bremen bei Fußballturnier der Spezialeinheiten, ganz großes Kino. Zwille musste Pullern in der Halle vom Sechs-Tage-Rennen. Also machte sich Zwille auf den Weg und fand einen Gang, an dessen Ende sich eine Toilette befinden wird. Was soll ich sagen? Es war leider der Eingang zur VIP – Lounge." Herman baute an dieser Stelle wieder einmal sein typisches Lachen ein. "Also bauen sich zwei Hammerwerfer vor ihm auf und wollen ihm klar machen, er kann dort nicht Pullern. Nun fing Zwille an Rabatz zu machen. Das bekommen wiederum ein paar SEKler und ein paar Typen von der GSG9 mit. Haufenbildung! Die Hammerwerfer werden wie die Verrückten in ihre Handschachteln quatschen und ein Anzugträger erscheint. Der: Meine Herren, ich bin unterrichtet darüber wer sie sind, können wir uns auf eine Runde Caipirinha und einmal Pullern einigen? Geht doch!"

Mit Schrecken dachte ich an die vielen Turniere zurück, bei denen ich meistens als Schlachtenbummler mitgefahren war. In Bremen landeten wir nach einer Siegesfeier, die an sich schon ein denkwürdiges Ereignis war, meistens in der Halle, wo das Sechs-Tage-Rennen statt fand. Ich glaube niemals hat jemand auch nur einen einzigen Radfahrer zu Gesicht bekommen. Einmal vielleicht, da war ein Marathonversuch eines Sportlers auf einem festmontierten Fahrrad. Man konnte sich an seinem Marathon beteiligen, in dem man eine Teilstrecke für ihn übernahm. Kalle, der Inspirator unserer Wanderung, konnte es sich nicht nehmen lassen, als Ausdauer-Ass ein paar Kilometer zu strampeln. Diese Nummer war es denn aber auch schon. Traditionell gab es beim Rennen immer eine Halle, in der Südamerikanische Cocktails ausgeschenkt wurden. Und da sammelten sich dann nach und nach alles. KSK, GSG, SEK und MEK, eine bunte Mischung erlebnisorientierter Männer und eingeladene Frauen, die Vollgas gaben. Nach einer dieser Parties versuchte ich vor der Tür ein Taxi in unser Hotel zu bekommen. Zu mir gesellten sich ein SEK Mann und einer vom MEK, jeweils aus einem anderen Bundesland. Endlich hielt ein Taxi, nachdem ich quasi vor das Auto gesprungen war. Es gibt eine alte Regel, die besagt: Vorne Rechts zahlt! Und das war in diesem Fall der Mann vom SEK. Was wird dieser nun tun? „Fahr mich zum ETAP Hotel, ohne Umwege, ich kenne mich hier aus, und außer dem das mit der doppelten Staatsbürgerschaft könnt ihr Türken voll knicken!" Ich habe keine Ahnung, wie viele dieser Hallen in Bremen existieren, ich vermute mal nur eine. Ich sah sie jedenfalls in der nächsten halben Stunde Fahrt mehrfach. Der gute Mann am Steuer hatte, zu Recht, vermutlich nur das Wort Doppelt, im Sinne von doppelter Preis gehört. Was wir nicht bemerkten: An uns hatte sich eine weitere Taxe gehängt. Am Hotel angekommen, stiegen dort von mir zunächst unbemerkt vier Frauen aus, denen ich nicht unrecht tun will, die aber der Kleidung nach Prostituierte waren. Kaum hatte ich nun den Zugangscode für die Eingangstür eingegeben, drängten sich die Frauen mit mir zusammen in die Lobby, in der sich ca. fünfzig Kollegen aller Bundesländer zur Hotelpartie versammelt hatten.

Im Chor wurde ich mit den Worten begrüßt: „Geil, Fackel hat Nutten mitgebracht!" Einer vermeintlichen Heldentat, der ich mir bis zu diesem Augenblick gar nicht bewusst gewesen war. Schlimmeres passierte in einem Hotel, in dem wir zwei Wochen lang für einen Einsatz untergebracht waren. Den Auftakt machte die Grünenpolitikerin Claudia Roth, die dort anlässlich einer Wahlkampftournee wohnte. Gerade am Tresen aufgetaucht, wurde sie auch schon Opfer eines Kollegen. „Sagen sie nichts! Ich kenne sie doch irgendwo her?" Roth: „Das kann schon sein, ich bin recht prominent!" Kollege: „Jetzt habe ich es, Sie sind doch die Ehefrau von Gregor Gysi!" Frau Roth nahm es mit Humor und signierte die blanke Brust des Kollegen mit einem Autogramm.

Später beim Essen, wurde im Anschluss sehr viel getrunken. Und mit jedem Glas und jeder Stunde wurden die Sprüche zotiger, glitten irgendwann vollkommen ab. Dies musste nun aber auch die arme junge Bedienung mit anhören, der nicht ganz wohl war, bei der Meute die sich da versammelt hatte. Für uns war der Abend dann nach einiger Zeit beendet. Dies dachten wir wenigstens bis zum Frühstück. Als wir uns alle versammelt hatten erschien an unserem Tisch ein Hotelmanager mit einem echten Sauertopfgesicht. Er wandte sich an unseren Chef und bat diesen zu einem Gespräch. Das Sauertopfgesicht erwies sich als ansteckend. Was war denn nur geschehen? Wir konnten uns alle keinen Reim auf die Angelegenheit machen. Dann platzte die Bombe! Nach bekunden des Managers habe es eine sexuelle Belästigung gegeben. Alle, wie wir da saßen, hatten Fragezeichen auf der Stirn. Bezeichnend war aber die Reaktion nach dem ersten Schrecken. Alle Augen richteten sich auf Zwille. Der hatte allerdings ein Alibi, zwar ein schwaches, aber immerhin: „Ich war bis zum Ende mit Fackel hier am Tisch!" Was war denn nun eigentlich geschehen? Die junge Frau, welche uns am Abend bedient hatte, ging im Verlaufe des Abends in den Keller. Plötzlich hörte sie Schritte hinter sich. Nach all den Geschichten, die sie bei uns am Tisch gehört hatte, war ihr Angst und Bange. Sie ging für sich auf Nummer sicher und versteckte sich in einem Raum zwischen der Schmutzwäsche. Sie hörte noch eine ganze Weile Schritte auf dem Flur, die dann irgendwann verschwanden. Ganz am Ende des Tisches meldete sich sehr verhalten Holli. „Äh, wann genau war denn diese Aktion?" „Meine Angestellte sagt, so etwa gegen ein Uhr in der Nacht, da waren nur noch sie anwesend, der Rest des Hotels schlief bereits." Erneut meldete sich Holli zu Wort, nebenbei einer unserer Ältesten im damaligen Team. „Äh, vielleicht kann ich alles aufklären. Ich war, sagen wir mal, nicht mehr so ganz nüchtern, und habe jemanden vor mir gesehen. Da bin ich halt hinter her gegangen, weil ich eine Toilette ge-

sucht habe. Plötzlich ist der vor mir verschwunden, was soll ich sagen, ich habe dann halt weiter nach einer Toilette gesucht ... ich denke ... ich war der Schuldige!" „Ha!" Stieß Zwille aus. „Ich habe mir jeden einzelnen von Euch gemerkt, der mich an gesehen hat."Ute, Herman und Käthe hatten während meiner gedanklichen Abschweifer bereits dreimal das Thema gewechselt.
„Also früher wollte ich ja auch immer zum MEK.", kam es von Käthe.
„MEK war immer wie Bundesliga, nicht so wie wir beim zivilen Streifendienst vom Abschnitt. Mal so die richtig großen Dinger."
Ich sah ihn belustigt an. „Ja früher konnten wir auch noch lautlos töten und uns als Straßenlaterne verkleiden."
Käthe richtete sich auf , „Hey, ich weiß doch, es ist nicht so ... aber ihr wart halt irgendwie anders." Ich zog die Nase hoch und winkte ab. „Davon ist nicht allzuviel geblieben. Wir haben nicht einmal bessere Autos als die Fahndungsgruppen in den Direktionen. Berlin unterteilte sich in Direktionen, die alle für sich die Größe einer mittelgroßen Stadt in Deutschland hatten. In jeder Direktion gab es eine Kriminalpolizeiliche Abteilung, die Verbrechen bis zu einer gewissen Schwelle bearbeiten sollten. Parallel dazu gab es dann noch das Landeskriminalamt, in dessen Bereich die schwerwiegenderen Delikte bearbeitet werden sollten. Bis hinein in die 90ziger Jahre, war es undenkbar für das Mobile Einsatzkommando von einer Direktion Aufträge anzunehmen. Jedoch wenn das Geld knapp wird, ändert sich vieles. Es kommt zur großen Stunde der kreativen Statistiker. Besonders non-profit Unternehmen, also u.a. Behörden, sind Weltmeister im Erheben von Statistiken. Zusammen hängende Ermittlungskomplexe werden auseinander dividiert, denn jeder einzelne Vorgang ergibt einen weiteren Eintrag. Fahrzeuge die nicht eingesetzt wurden, waren zur Bereitschaft abgestellt, also per Erfassung im Einsatz, jedes Foto, jedes Telefon wird aufgelistet. Ein Fossilienfont nach dem anderen wächst und gedeiht. Dabei ist die Regel ganz einfach: Je mehr Kontrolle aufgebaut wird, desto kreativer wird das Individuum

bei der Umgehung eben jener Kontrolle. Es wird beschissen was das Zeug hält. Ich hospitierte einmal als Stagiari bei der Schweizer Polizei in Zürich. In diesem Zusammenhang bot sich mir während meines Aufenthalts ein amüsantes Beispiel dafür, wie widersinnig das alles war. Die Schweizer hatten eine tolle Idee. Sie entsandten einen Delegierten zu einer Führungskräftetagung nach Deutschland. Dort lernte er das sogenannte Säulenmodell kennen. Mehrere Säulen für die unterschiedlichen Ermittlungsrichtungen.

Eine Säule wird für die für die Verwaltung eingerichtet, oben drauf kommt der Bereich Controlling und ein Führungsstab. Die anderen Säulen werden von den Ermittlungsbereichen gebildet. Begeistert kehrte dieser Mann zurück und trug dieses tolle Modell seiner Führung in der Schweiz vor. Anlässlich meiner Hospitation in der Schweiz wurde ich von höherer Stelle auch nach diesem Säulenmodell befragt. Ich antwortete offen und ehrlich. Wenn man innerhalb einer Mangelwirtschaft agiert, verteilt man das zu wenige Geld auf die Säulen, die dann in Konkurrenz zueinander treten. Das Controlling fordert dann Zahlen ein, mit denen die Säulen ihren Bedarf anmelden. Keine Säule wird das Nachsehen haben wollen, also werden die Statistiken frisiert, was das Zeug hält. Eine absolut todsichere Methode um die Zerstörung einzuleiten. Die Berliner Polizei beauftragte einmal ein Wirtschaftsberatungsunternehmen, welches objektiv die Effizienz und die Zahlen prüfen sollte. Da wurde dann zum Beispiel die Frage gestellt, wie oft denn die ABC – Schleusen und das passende Fahrzeug dazu benutzt wurden. ABC steht für Atomar, Biologisch und Chemisch. Die Antwort: Noch nie! Das hätten sie bemerkt!" Somit wurde dieses Equipment als unwirtschaftlich eingestuft. Auf den Abschnitten der Schutzpolizei wurde nachgefragt, mit wievielen Funkwagen sie denn zu einem Einsatz heraus fahren würden. Die Antwort war für die Ökonomen vollkommen unverständlich. Im Falle eines sogenannten Schwerpunktabschnitts werden schon mal bis zu drei Funkwagen zu einem Ruhestörenden geschickt. Diese Zahl ist an sich einfach zu erklären. So eine Partie von sechzig Hausbesetzern kann schon mal schnell kippen, gleicher Maßen verhält es sich mit der Hochzeit einer Arabischen Großfamilie.

Die Ökonomen konnten dieser Argumentation aber nicht folgen. Da man nun schon einmal viel Geld für diese Berater ausgegeben hatte, musste die Behördenleitung den Empfehlungen folgen. Es kam zur Verminderung der Wagenanzahl. Nun die Rechnung hat am Ende der Bürger zu bezahlen, denn die drei Funkwagen werden trotzdem fahren, der eingestrichene Funkwagen, wäre dann der Wagen am Unfallort gewesen. Sicherheit ist nun einmal ein wirtschaftlich nicht in Zahlen zu erfassender Begriff, aber dieses einer buchhalterischen Krämerseele verständlich zu machen, erscheint aussichtslos. Darüber hinaus gibt es bei der Berliner Polizei eine Gesetzmäßigkeit. Jede Innovation wird zunächst als Testphase deklariert. Aber Testphasen kosten auch Geld. Ein Scheitern dieser Innovation ist von vornherein bereits ausgeschlossen, denn alles was Geld kostet, muss funktionieren. So natürlich auch die Bemühungen des Wirtschaftsberatungsunternehmen. Es floss Geld, also waren die Vorschläge zu befolgen.

Spannend war jedoch, wie die Schweizer in den oberen Rängen überwiegend meine Auffassung teilten. Eine sehr hohe Leiterin sagte zu mir kurz und bestimmt: Das wird bei uns hier nicht passieren.

Ich ereiferte mich, „Besonders schräg ist es, wenn die Jungens unsere untypischen Autos in der Direktion mit einem Blaulicht auf dem Dach verbraten und wir danach in Neukölln von den Apatschen abgegrüsst werden. Geheime Fahrzeugliste! Das ich nicht lache, jede linke Zecke weiß, was wir fahren."
Wütend schaute ich in die Runde. „Schau Dir einfach mal im Internet die passenden Seiten an, da bleiben dann keine Fragen mehr offen. Was wir tun, wie wir es tun, mit wie vielen Leuten und mit welcher Technik wir es machen. Aber wehe Du sagst was darüber bei Gericht Du bekommst sofort eine hinein gewürgt." Herman stimmte mir stillschweigend mit einem Nicken zu.

„Ja, die haben unseren Laden ganz schön herunter gewirtschaftet. Aber so ist das halt nun einmal, jeder Neue muss als Führer erst einmal seinen eigenen Scheißhaufen in die Ecke setzen. Sie nennen es Innovation, wir nennen es Scheißhaufen.", sagte Ute.
Käthe hob seine Hände. „Aber nicht vergessen, die Verbrecher haben einen Namen. Dieser schwule Wowereit, Fugman-Heesing und der restliche Teil dieser Verbrecherbande."
Ich sah Ute an. „Und Du? Du warst im Kosovo?"
„Ja, bis vor einem halben Jahr, jetzt habe ich erst einmal jede Menge Urlaub, danach werde ich weiter sehen."
Herman kümmerte sich um eine neue Runde Getränke.
Ich setzte mein Gespräch mit Ute fort. „Als was warst Du denn da?"

„Ich war Teamführer bei einer Observationseinheit." Das war Hermans Welt. Immer ein wenig militaristisch. „Ui! Stelle ich mir spannend vor. In einem solchen Gebiet Leute zu observieren ist mit Sicherheit die ultimative Herausforderung. Geht das überhaupt?"
„Es geht! Wenn auch anders, aber es geht. Vieles läuft mit der Unterstützung der Blauhelme.
Oft geht es ja auch nur darum, einen einzelnen Kriegsverbrecher aufzuspüren.", erklärte Ute.
„Da habe ich letztens etwas im Fernsehen gesehen." meldete sich Herman zu Wort. "War ein sehr geiler Beitrag über die Carabiniere, wie die Mafiosi auftreiben Alter, die haben ein Flugzeug, so ne Art Learjet, aus dem heraus sie mit Kameras heraus zoomen können, sogar Gesichter können sie erkennen."
Ich machte eine wegwerfende Geste. „Wir haben nicht einmal Kameras, die in der Dämmerung auf hundert Meter brauchbar funktionieren. Ich glaube, wenn Du bei uns einen Beschaffungsantrag für einen Learjet schreibst, kommen die Männer mit den weißen Jacken."
Käthe grinste. „Habt ihr so was nicht? Also wir in der Direktion haben einen.", lästerte er.
„Ja, Nee, is schon klar!" Ich zog ein spöttisches Gesicht, während ich

mir eine Zigarette in den Mund steckte.
„Ich kann Dir ja mal erzählen, wie das Schlaraffenland aussieht. Herman kennt es schon von mir. Ich habe vor einem Jahr einen Monat in der Schweiz hospitiert. Ich bin vollkommen vom Glauben abgefallen." Doch bevor ich weiter kam, trat erst einmal die Bedienung an unseren Tisch.
„Was heißt ein gespritztes Bier?" fragte mich Herman. Ich schaute auf die Uhr. Es war gerade einmal Mittag. „Sportliche Ansage! Panachet!"
Alle drei schauten mich mit gespielter Empörung an. „Bestell mal, wir haben Urlaub und Morgen wird wieder geschwitzt. Was ist mit Euch?"
Ute und Käthe waren sofort dabei.
„Quattre Panachet s'il vous plâit.", bestellte ich laut bei der Bedienung.
Herman zeigte auf mich.„Ich liebe das, wenn er das tut. Ist schon ein Schlauer der Fackel."
„Na mit Russisch kommen wir hier nicht weiter.", gab ich lakonisch zurück. Gemeinsam riskierten wir einen Blick auf das wohlgeformte Hinterteil der sich wieder abwendenden jungen Bedienung. Ich dachte mir in diesem Augenblick, so etwas würde sich vermutlich nie ändern.
„Schweiz! Na die fassen halt auch richtig Geld an.", knüpfte Käthe wieder an.
„Nein, man kann nicht alles mit Geld erklären.", widersprach ich ihm. „Es ist manchmal einfach nur eine Frage der Mentalität. In unserem Verein, wirst Du eingestellt und ab sofort unterliegst Du einer ständigen Kontrolle. Alles basiert auf Misstrauen. Ich meine, wir haben alle einen gemeinsamen Feind. Die Behörde!" Zur Untermalung schnalzte ich mit der Zunge. „In der Schweiz vollkommen anders. Da fängst Du mit Vertrauen an. Baust Du keinen Mist, bleibt das Vertrauen, man wird Dich Dein Ding machen lassen. Baust Du Mist, entzieht man Dir das Vertrauen. Diese vollkommen andere Denkweise, ändert alles. Wenn Du zum Beispiel

eine Kamera zugeteilt bekommst, kannst Du die auch mit nach Hause mitnehmen. Denn wie übst Du am Besten für den Ernstfall?"
Ich schaute einen nach dem anderen an. "Richtig, wenn man damit herumspielt."
Käthe verdrehte die Augen. "Bei uns? Erwischen sie Dich dabei, bekommst Du ein Disziplinarverfahren. Wenn Du bei uns was kaputt machst, wird geprüft und noch einmal geprüft, ob sie dich vielleicht doch noch irgendwo in Regress nehmen können. Was ist die Folge? Es wird vertuscht und verheimlicht, was das Zeug hält. Bis dann mal wieder ein Reifen im Einsatz platzt, nur weil irgendeiner nicht zugegeben hat, wie er letzte Woche eine Bordsteinkante mitgenommen hat."
Ute lachte laut auf. „Bei uns hat einer mal einen Schraubendreher in den Unfalldatenschreiber versenkt, ich wüsste nicht einmal, wo sich das Ding befindet. Ganz großes Kino!"

Herman klopfte mit seinen Fingerknöcheln auf den Tisch. "Genau das kommt bei unserem System heraus. Zieht sich wie ein roter Faden durch die Behörde. Wie ist das mit Dir Ute? Ich meine Du warst da unten Teamführer? Was wirst Du hier demnächst machen?" Ute grunzte kurz.
„Wahrscheinlich in absehbarer Zeit wieder auf dem Bock! Das ist aber ein alter Hut, Mission ist Mission, Heimat ist was anderes. Hier zählt Dienstgrad und nicht Dein Können."
Käthe klinkte sich ein. „Noch so ein vollkommen schwachsinniges Ding. Wir haben im gehobenen Dienst, drei normale Dienstgrade. Wenn einer mit fünfunddreißig Hauptkommissar wird, was soll dann noch kommen, keinerlei Anreize. In der Schweiz gibt es von Prämienauszahlung und diversen Unterstufen eine Vielzahl von Beförderunsabstufungen. Ich habe auch ein paar Kumpels dort."
"Ist ja geil!" stimmte Herman Käthe zu.
„Deshalb wird ja auch keiner mehr Hauptkommissar, sie versprechen ihn Dir einfach bis zum Ende, und verarschen Dich dann.", wandte Ute sarkastisch ein.

„Hey ihr Vögel, ich weiß nicht, was ihr so vor habt, ab ich habe hier einen Urlaub abzuarbeiten.", ging Herman dazwischen und hielt eines der eingetroffenen Biere zum Anstoßen hoch. Auf unsere Wanderung!" „Auf die Wanderung!" erwiderten wir im Chor. Inzwischen hatten wir strahlenden Sonnenschein, der uns allen gemeinsam eine sehr gute Laune bescherte. „Aber Du bist doch schon Hauptkommissar? Oder?", fragte mich Käthe.
„Ja, schon seit zehn Jahren, ich bin einer der wenigen bei uns, die noch innerhalb der Mannschaft Hauptkommissar geworden sind, da liegt ja jetzt mein Problem, ich bin allen zu teuer."
„Willst Du denn weg?"
„Was heißt „Wollen", wir haben ja eine Altersgrenze bei uns. Theoretisch muss man mit achtundvierzig Jahren gehen und sich eine andere Verwendung suchen."
Ute sah mich an. „Theoretisch. Praktisch?"
„Praktisch ist Ihnen aufgefallen, es gibt da so einen Babyboomer Jahrgang. Ihnen die gesamte Erfahrungs- und Führungsleiste weg bricht. Und junge neue Leute bekommen sie nur sehr wenige. Weil die sind ja nun auch nicht auf den Kopf gefallen. Kommen sie zu uns! Sie werden nicht befördert, machen sie ihren Dienst zum Hobby, schaffen sie Freunde und Familie ab, bekommen sie nur noch dienstfrei, wenn sie uns ein Attest bringen ...ja ist klar, wann soll ich kommen? Und alle drei Jahre wird gefragt, wie könnten wir unsere Dienststelle attraktiver machen?"
Herman setzte fort. "Also fangen einige an, die Altersregelung auszusitzen, bis der nächste Hirnstein eine Idee hat!"
Ich nickte. "Ehrlich? Ich habe keine Ahnung, was ich machen soll, wir werden sehen. Was ist mit Dir Ute? Hast Du noch vor lange zu bleiben?"
„Ebenfalls keinen Plan. Nach dem Kosovo habe ich mich krank schreiben lassen. Da sind einfach mal ein paar Dinge schief gelaufen. Raus aus der Behörde? Würde teuer werden, und ich habe noch einiges zu bezahlen, die Mission war zwar ein warmer Regen, aber reicht noch nicht. Kommt Zeit, kommt Rat." „Kommt noch mehr Zeit,

kommt Oberrat.", spielte Käthe auf die Dienstgrade im Höheren Dienst an.

Käthe war an sich eine lustige Erscheinung. Er gehörte zu den Männern, die im ersten Anblick klein und voluminös wirkten, bei näherer Betrachtung aber sehr durchtrainierte Züge entdecken ließen. Seine Kugelwaden, die stark ausgeprägten Unterarme und der Stiernacken, deuteten auf eine sportliche Biografie hin. Seine freundlichen Augen und diverse Lachfalten verliehen ihm einen symphatischen Eindruck.

Ute war fast eine Größe mit Herman. Seine Mimik und sein Wesen ließen eher auf einen ernsten Mann schließen. Er wirkte nicht unfreundlich, aber wenn ich ihn unter anderen Umständen kennen gelernt hätte und zu dem er nicht ein Kollege gewesen wäre, es hätte sich nicht um den Typ Mensch gehandelt, zu dem ich einen Kontakt gesucht hätte. Längst hatten wir wieder Nachschub geordert. Die Zungen lockerten sich und wir wendeten uns wieder den lustigeren Themen zu.

„Sag mal, jetzt wenn ich so darüber nachdenke Ute, warst Du nicht der Typ, der mit Herman den Hooligan umerzogen hat."

Der gerade noch als ernst beschriebene Ute verschluckte sich bei meiner Frage und beförderte den zuletzt genommenen Schluck Bier wieder in sein Glas zurück. Als er wieder Luft bekam, antwortete er mit immer noch durch das Bier belegter Stimme.

"Du meinst am Olympiastadion, als dieser Idiot sich in unser Abteil flüchtete? Allerdings ... aber zusammen mit Heini vom SEK."

Ute schluckte noch ein wenig Bier. „Dieses Gehirn war auf der Flucht vor der anderen Truppe und wird in unser Abteil springen. Herman hat ihm erklärt, dass er hier nichts zu suchen habe und hat ihn wieder hinaus befördert. Da hat er das erste mal bekommen. Nun stand er wieder auf dem Bahnsteig, da waren ja aber schon seine Kumpel. Also hat er wieder bekommen. Was macht der Trottel, springt wieder in unser Abteil, direkt in die Arme von Heini, der hat ihn dann richtig zerlegt. Sagen wir mal, es war nicht sein Tag."

„Immer frei nach dem Motto, die einzige Bestrafung, die so ein Typ bekommt, passiert bei der Festnahme!", warf ich ein.
„Ist doch auch so." kam es von Seiten Hermans mit gespielten Bedauern in der Stimme. „Und tue mal bitte nicht so. Ich erinnere mich daran, es gibt hier jemanden, der bei einem Tänzchen mit einem Araber in den Auslagen eines Telefonladens gelandet ist!" spottete Herman jetzt über mich.
Ich konterte, „Na wenigstens halten sich meine Anzeigen wegen KV im Amt im Rahmen." Jetzt hatte ich Herman getroffen.
Schlagartig verfinsterte sich sein Gesicht. Ute schaute uns beide prüfend an. „Läuft die Sache immer noch?"
„Ich muss in die Revision gehen. Die Frau Vorsitzende kommt aus einer etwas anderen Welt!"
„Nun erzähl schon und lass Dir nicht alles aus der Nase ziehen." Mit finsterer Mine begann Herman seine Story zu erzählen. „Ute und Fackel, kennen es ja schon. Wir waren im Zusammenhang mit den Brandstreifen draußen unterwegs. Da kommt die Meldung, ein paar Typen nehmen Telefonzellen auseinander. Also was werden wir machen? Richtig, wir mussten nur den entglasten Zellen folgen."
Er breitete seine Arme aus. "Am Ende stehen zwei Erlebnisorientierte voll wie die Hupen und treten schon wieder auf die nächste Telefonzelle ein. Wir raus und greifen uns die beiden. Wir haben sie nur zu Boden gebracht. Na, jedenfalls heben wir beide wieder auf ... Bluten die beiden, der eine vorne und der andere hinten. Wir haben sie auf der GeSa[1] mehrfach gefragt, ob sie einen Arzt brauchen. Nichts! Dann kommen Mama und Papa und holen ihre Brut ab. Immer noch alles schön. Zu Hause haben sie dann einen Bolzen in der Hose gehabt und erzählt, wir hätten sie mit einem Tonfa verprügelt. Anzeige ... das volle Programm. Was wird die Richterin mich fragen? Ob ich mit einem Tonfa ausgerüstet bin. Werde ich sagen, ja klar, aber nicht eingesetzt. Richterin: Wenn sie damit ausgerüstet sind, werden sie es auch eingesetzt haben!"

---

[1] interne Bezeichnung für Gefangenensammelstelle

Herman ballte sein Gesicht zu einer bösen Grimasse.
"Alter, wenn diese Würste mit dem Tonfa bekommen hätten, dann hätten die anders ausgesehen. Aber die bei den Herren Jungabiturienten sind standhaft bei ihrer Aussage geblieben."
„Unfassbar!" Stöhnte Käthe laut auf. „Aber ich denke mal bei der Revision läuft es anders."
„Ich kann's nur hoffen." flüsterte Herman halblaut mit etwas heiserer Stimme.
„Mach Dir keinen Kopf Alter, wenn demnächst mal einer von diesen Teppichfliegern Bumm macht, wird alles anders in Deutschland, ist nur die Frage, ob wir das wollen."
„Das sind meine liebsten Kandidaten, die kommen bei mir gleich hinter den Arabischen Familien.", bestätigte ich Utes Kommentar.

„Aber wir sind die Helden, bisher waren wir immer so gut, wir haben immer alles vorher gewusst, kann also nichts passieren.", sagte Herman.
„Ach echt, bei den Kofferbombern wussten wir, dass die nicht zünden können? Dolles Ding!" Käthe spielte auf die Islamisten an, die versucht hatten in Köln zwei Kofferbomben zu zünden. Ich erinnerte mich noch sehr genau an die Verteidigungsstrategie der Verteidiger. Ihre Mandanten wussten angeblich sehr wohl über die Zündproblematik der Bomben Bescheid, eigentlich wollten sie ja allen nur einen Schreck einjagen. Nun ja, wir hatten mehrfach die Erfahrung gemacht, dass bei den Jungens am Ende ein wenig was fehlte. Und das war auch gut so.

Tatsache ist: Wir beobachten Leute dabei , wie sie Dünger in einem Baumarkt kauften, um mittels des Nitrats eine Bombe zu bauen. Niemand hatte ihnen leider mitgeteilt, wie man Nitratfreien Rosendünger erkennt. Vermutlich auch so ein Streich, um anderen einen Schreck einzujagen. Oder vielleicht doch nur einfach dämlich? Blaupausen für den Film "Four Lions"? Ich glaube, es erübrigt sich zu erläutern, wovon wir ausgegangen waren. Da ich selbst grundsätzlich

immer davon ausgehe, dass religiöse Fanatiker eine Störung haben, war mein Urteil vorbestimmt.
So wechselten wir in den nächsten Stunden von einem Thema zum nächsten. Wieder einmal zeigte sich, wie viel da eigentlich aufgestaut war und sich Luft machte. Die Wut, der Frust, die Gedanken an all die verlorenen Minuten, Stunden und Tage an Lebenszeit, die man vielleicht hätte anders nutzen sollen brachen in solchen Augenblicken immer durch. Und keiner von uns merkte, wie wir wieder einmal wertvolle Lebenszeit opferten.

Diverse Biere später, sprach Herman ein Machtwort. „So, lasst uns zu unseren Möbeln zurück gehen. Wir müssen noch aussortieren." Ute lehnte sich betont lässig zurück. „Ich habe nichts auszusortieren! Das hat schon alles seine Richtigkeit." Herman und ich wussten, wie sehr er seine Worte spätestens Morgen beim Aufstieg bereuen würde. Aber im Gegenzuge war es auch ein sinnloses Unterfangen, einem Ute, der gerade sehr viel Geld in einem Outdoor Laden gelassen hatte, von einer Übermenge in seinem Rucksack zu überzeugen. Selbst wenn er gewollt hätte, hätte es sein Ego nicht zugelassen. Alle gemeinsam enterten wir dann doch noch einen Lebensmittelladen und versorgten uns mit Proviant. Selbstverständlich kauften wir auch ein paar kleine Flaschen Rum. An unserem Platz zurück gekehrt, schütteten Herman und ich unsere Rucksäcke aus. Alles wurde einer peniblen Überprüfung unterzogen. Die beiden ersten heißen Kandidaten waren selbstverständlich die Säge und das Beil. Herman hatte dann doch eingesehen, dass die Pyrenaen nicht Kanada waren. Sehr viel schwieriger gestaltete sich die Angelegenheit bei diversen Textilien. Noch viel schlimmer, als ich es in diesem konkreten Augenblick vermuten konnte. Ich hatte keinerlei Vorstellungen davon, wie viele Sportläden ein Mann von Hermans Format während einer Wanderung auftreiben konnte. Ich selbst verfuhr nach einer sehr simplen Regel. Alles was ich doppelt zum Wechseln eingepackte hatte, musste dem Gedanken der Rationalisierung weichen. Während Herman noch wütete, Käthe sich ins Zelt zurück gezogen hatte, vermisste ich Ute. Ich entdeckte ihn alleine auf einem Felsen im Bachbett des Bergbaches hinter unseren Zelten sitzend. Er starrte mit einem mehr als melancholischen Gesichtsausdruck ins vor sich sprudelnd um die Steine windenden Wassers. Auch wenn wir uns nicht sonderlich gut kannten, beschloss ich, ihn dort so nicht alleine sitzen zu lassen.

„Bilder?" fragte ich ihn, nach dem ich mich auf einen Felsen neben ihn gesetzt hatte.
„Kennst Du das?" fragte er zurück, ohne den Blick vom Wasser abzuwenden.
„Nicht Deine Bilder, aber meine!"
Ute nickte. „Ja, wir haben alle unsere Bilder. Fackel, darf ich fragen, was Dein Bild ist?"
„Natürlich! Mein Bild ist ein englischer Offizier in einem Berliner Krankenhaus. Ein Typ aus seiner Einheit war kurz zuvor am Kurfürsten Damm mit ein paar Jugendlichen in Streit geraten. Er saß dabei mit seiner deutschen Freundin auf dem Gitter des U Bahnhofs Zoologischer Garten. Sie hatten ihn herunter gestoßen, auf der Treppe hatte er sich das Genick gebrochen. Die Mauer stand noch, ich war so um die zweiundzwanzig Jahre alt. Da sagt dieser Offizier zu mir: I fought with this man together in Falkland. And now he has been killed by a couple of children. Just like that without a reason. It's all so pointless. Ich werde sein Gesicht nie vergessen und dieses Gesicht sehe ich gerade bei Dir auch. Ich kenne dieses Gesicht."

Ute sagte nichts, jedoch hatte ich auch keine Reaktion erwartet. „Weißt Du Ute, es gibt ein Buch, welches ich mir zur Religion gemacht habe. Herman Hesse und der Siddharta. Da gibt es eine Stelle, da sagt der eine zum anderen, höre dem Fluss zu, er wird Dir antworten. Dies ist hier nur ein Bach … ein kleiner Pissbach in den Pyrenaen, aber vielleicht erzählt er Dir ja was!" Kameradschaftlich klopfte ich ihm auf die Schulter. Irgendetwas war passiert, was mich nichts anging. Also ließ ich ihn alleine sitzen. Jeder hat sein eigenes

Paket. Also kehrte ich wieder zurück zu unserem Lagerplatz, an dem ich einen schwitzenden aber sehr gut auf gelegten Herman antraf.

„So! Ich wette meinen Arsch drauf, da liegen jetzt achtzehn Kilogramm."

Ich grinste ihn provozierend an. „Das Gewicht hat Dein Arsch schon alleine!"

Herman sah verzweifelt auf seine aussortierten Sachen herunter. „Du Arsch könntest mich mal loben. Also der ganze Kram kommt ins Auto."

Ich umarmte Herman, während ich zu ihm sagte „Ich bin so was von stolz auf Dich!" Hielt ihn dann mit ausgestreckten Armen von mir weg. Einige Zeit später kehrte Ute vom Bach zurück.

„Na ihr Dreckssäcke, alles safe?"

„Wenn Du einen LKW für Hermans Sachen hast ... dann ist alles OK." entgegnete ich ihm.

„Ansonsten haben wir es gerade mal sechs Uhr Abends und Dein Passi ist zusammengebrochen." Ute zuckte mit den Schultern. „Gute Zeltsklaven sind schwer zu bekommen in der heutigen Zeit."

Ich schaute Ute an und dachte mir meinen eigenen Teil. Alles können wir verdrängen, nur nicht Frauen und Kinder, die sind unsere Sargnägel. Herman wählte die Option „Rum". Aus einem Automaten, den er schon den Tag zuvor im Waschhaus des Camping Platzes entdeckt hatte zog er ein paar Coca Cola Flaschen und schenkte uns dreien ordentlich ein, bis die ersten Wirkungstreffer eintraten. Zwei Stunden später lagen wir dann in unseren Schlafsäcken. Wie gewohnt zog die Parade von Campern an uns vorbei in Richtung Waschhaus. Wir hatten uns in unseren Biwaksäcken und im Zelt unsichtbar gemacht. Ich lag noch lange wach und ließ den Tag Revue passieren. Ich erkannte die nahende Krise nicht, die sich schleichend in mir ausbreitete. Ich sah nicht, wie wir uns eigentlich alle gemeinsam ausschließlich über unseren Beruf definierten. Wie oft hatte man uns eingetrichtert: Diese Arbeit ist kein Job, es ist eine Berufung. Viele hatten längst vergessen, wer sie denn sonst noch waren. Mit Sicherheit nicht alle, aber viele von uns und ich war einer davon. Was wollten wir den Jüngeren erzählen? Wir haben alles richtig gemacht!? Wir waren Kameraden, wir sind nach der Arbeit zusammen um die Häuser gezogen, eine verschworene Gemeinschaft, tut es uns gleich? Für uns gab es nur 100 Prozent oder gar nichts? Adrenalinjunkeys auf der Überholspur! Immer schneller waren wir auf der Autobahn unterwegs. Die Landschaften zogen täglich nur noch als Schemen an uns vorbei, der Tunnelblick fixierte uns auf den Punkt vor uns. Die Schultern steif, der ganze Körper angespannt. Wir hatten den Hahn bis zum Anschlag aufgedreht und der nächste Stopp war nur vorgesehen, wenn das Benzin alle war.

Sollten wir das wirklich im Rückblick empfehlen. Machten sie nicht vielmehr als neue Generation alles richtig? Die alte Matrosengrundregel: Eine Hand für das Schiff, die andere Hand für den Mann. Wie hatte meine Frau doch immer zu mir gesagt: „Es gibt kaum etwas Schlimmeres als einen enttäuschten Idealisten." Was bedeuteten eigentlich unsere Erzählungen tatsächlich? Damals hätte ich auf diese Frage keine Antwort gehabt oder zumindest keine die befriedigend gewesen wäre. Nunmehr kann ich an dieser Stelle sagen, wir hatten längst alle Schranken durchbrochen. Wir waren in unseren Köpfen Judikative, Legislative und Exekutive in einer Person. Wir sahen doch da draußen jeden Tag, wohin diese vermeintlich offensichtliche Unfähigkeit der Gesellschaft führte. Unsere Welt war einfach aufgeteilt. Da waren wir, die den Durchblick hatten, die die Menschen kennen. Dann die Menschen, die wir zu beschützen hatten, weil sie es selbst nicht konnten. Ein undankbarer Haufen von Individuen, die sich immer beschweren, wenn es gegen sie selbst ging, aber anfing nach uns zu schreien, wenn sie in Bedrängnis gerieten. Und dann gab es natürlich die Bösen, unsere Feinde, die es galt jeden Tag zu bekämpfen. Und Kampf war wörtlich zu nehmen. Dies fiel mir das erste Mal richtig auf, als ein Kollege vom SEK durch einen Mitglied einer Arabischen Großfamilie erschossen wurde.

Nach seinem Tod kam es zu einem Trauermarsch durch den Berliner Problembezirk Neukölln. Am Straßenrand hatten sich auch einige Mitglieder der Arabischen Clans versammelt. Eines der Mitglieder rief uns zu: „Ihr seid die nächsten, die wir uns holen!" Es lief mir kalt den Rücken herunter, denn das war Krieg!Diese schematische Aufteilung legt keiner wie eine Jacke nach dem Einsatz ab. Sie wirkt bis tief in das Privatleben hinein. In meiner Vorstellung, wussten die „Normalen" gar nicht, was da draußen vor sich ging. Darauf basierte letztlich auch unsere Kameradschaft, denn wir waren ja aus dem gleichen Stall. Aktuell kursiert bei der Polizei eine Art Gedicht:

Ich bin ein Cop und ich werde dich jetzt festnehmen.
Du hast das Gesetz gebrochen.
Ich habe das Gesetz nicht gemacht, vielleicht bin ich sogar anderer Meinung als das Gesetz, aber ich werde es durchsetzen.
Du kannst bitten, betteln, dich einschmeicheln oder an mein Herz appellieren, aber nichts was du tust, kann mich davon abhalten dich in ein stählernen Käfig mit grauen Gittern zu sperren.
Wenn du abhaust, verfolge ich dich.
Wenn du zuschlägst, schlage ich zurück.
Wenn du auf mich schießt, schieße ich auf dich.
Von Rechtswegen kann ich nichts auf sich beruhen lassen.
Ich bin die Konsequenz.
Ich bin eine unbezahlte Rechnung.
Ich bin das Schicksal mit einem Abzeichen und einer Waffe.
Unter meinem Dienstabzeichen steckt ein Herz, wie deins. Ich blute, ich denke, ich liebe... und ja, ich kann getötet werden. Und obwohl ich nur ein Einzelner bin, habe ich tausende Brüder und Schwestern, die so sind wie ich. Sie würden ihr Leben für mich riskieren und ich meins für sie. Wir stehen gemeinsam auf dem Posten.
Eine dünne blaue Linie, wir beschützen die Beute vor den Raubtieren, die Guten vor den Bösen. Wir sind Cops."
Quelle/Text: ACAB= All Cops Are Beautiful

Ich kenne den Verfasser nicht persönlich, aber ich habe eine Vorstellung von ihm. Er spiegelt diese Allmacht, die entsteht, wenn man da draußen nur noch Feinde sieht.

Was erzählt man einer jungen Frau, die bei einer Demonstration eingesetzt wird und in hassverzerrte Gesichter schaut. Die wenige Minuten später mit Steinplatten, Molotowcocktails und Eisenstangen beworfen wird. Was soll sie ihren Freundinnen über die flackernde Beleuchtung einer Straße, herrührend von brennenden Autos, den gellenden Pfiffen und Schreien der Randalierer, die Explosionsgeräusche, die Befehle der Zugführer, den herannahenden Sirenen, das stets rhythmisch blitzende Blaulicht, das Stöhnen verletzter Kollegen und vor allem über ihre Angst erzählen? Was soll sie über ihre Gedanken sagen, die ihr kommen, wenn dann ein Politiker behauptet, sie habe mit ihrer Anwesenheit erst die Gewalt erzeugt? Heute noch, oder vielleicht gerade, vor dem Hintergrund der gerade stattfindenden Ereignisse in unseren Nachbarländern Frankreich und Belgien, frage ich mich was denn da eigentlich in Köpfen vieler Menschen vor geht. Da wird von dem Versagen der Geheimdienste und der Polizei gesprochen. Man hätte doch das Vorhaben erkennen müssen. Warum wurde die Bevölkerung nicht geschützt? Natürlich wusste man,etwas über die radikalen Kreise, in denen sich die Attentäter bewegten. Aber dieses ist nun einmal keine Straftat. Und neben den Attentätern, gibt es diverse weitere Radikale, wandelnde Zeitbomben, doch wer will sie vierundzwanzig Stunden lang beobachten? Wer will und kann entscheiden, was dieser Islamist nach dem Verlassen seiner Wohnung heute in seine Sporttasche gepackt hat? Eine Kalischnikow? Was erwartet eine Gesellschaft, in der man sich schon durch die Staatsmacht bedroht fühlt, wenn der Polizist in der Verkehrskontrolle eine Maschinenpistole trägt?
Was erwartet eine Gesellschaft, in der nicht erkannt wird, wie ausgerechnet die Hinweise der bösen ausländischen Nachrichtendienste mehrfach Schlimmeres verhindert haben. Eine Gesellschaft die sich

auf die einfache Formel: „Wasch mich, aber mach mich nicht nass dabei!" reduzieren lässt.

Alle haben eine Vorstellung, eine idealisierte Idee von der Gesellschaft, aber kaum jemand will dann auch die notwendigen Schritte gehen. Bevor ich anfing den literarischen Rucksack „Die Wanderung" zu packen, wurde ich von einem Pressevertreter gefragt, ob ich dazu bereit wäre, mich dazu zu äußern, ob es denn überhaupt möglich wäre alle Islamisten zu beobachten und wie viele Beamte man dafür eigentlich brauchen würde. Ich selbst kann und will hier dazu keine Auskunft geben. Ich kann aber aus einem im Internet frei verfügbaren Kompendium zitieren, welches bereits seit 2011 in der Szene kursiert.

„Ein Observationstrupp hat in der Regel zwischen fünf und zwanzig Mitglieder, wobei selten alle Planstellen besetzt werden können und vor allem bei großen Trupps die volle Personalstärke etwas niedriger ist. Noch größere Trupps sind im Einsatz schwer zu koordinieren und daher selten. In Berlin arbeiten jeden Tag mehrere Dutzend Observationstrupps, allerdings nicht immer in voller Stärke. Eine kurze Begriffsklärung: Hier wird stets von »Trupps« geschrieben, während im alltäglichen Sprachgebrauch oft von Observations-»Teams« die Rede ist. Streng genommmen bezeichnet der »Trupp« die unterste organisatorisch definierte Einheit, während »Teams« informell zusammen gesetzte kleine Gruppen sind. In der Observationspraxis setzt sich also ein »Trupp« meist aus mehreren »Teams« zusammen."

Quelle: Luchs pass auf - Maßnahmen gegen Observation

Inwieweit diese Beschreibung der tatsächlichen Realität entspricht, lasse ich offen. Der aktuellen Tagespresse in Berlin ist im Jahr 2015 zu entnehmen, dass Sicherheitsbehörden ca. fünfhundert Personen als radikale Islamisten einstufen. Ab dieser Stelle überlasse ich es jedem selbst, die Vermutungen der linken Szene als Rechengrundlage zu nehmen, und dann mittels einfacher Grundrechenarten eine Antwort zu finden. Zumal linke und rechte Radikale gleicher Maßen einer Betreuung bedürfen. Und dann wäre da zusätzlich noch das sogenannte Tagesgeschäft, welches sich mit Schwerkriminellen aller Couleur auseinander setzt, bis hin zu Pädophilen, die die Gerichtsbarkeit wieder auf die Straße gelassen hat. All dieses hatte uns über Jahre geprägt, Herman, Ute, Käthe, all die anderen über die wir redeten und mich. Wir arbeiteten unserer Auffassung nach in einer Parallelwelt zu allen anderen. Parallel zu uns eine Welt, die vieles nicht wahr haben wollte und uns den Dreck regeln ließen, ohne einmal darüber nachzudenken, was da eigentlich passierte. Stunde um Stunde, Woche für Woche, Wochenenden und Feiertage ... für was und für wen?

Diese letzte Frage schlummerte in mir, als ich da in Cauteret in meinem Schlafsack lag. Jedoch hatte ich sie mir selbst gegenüber zu diesem Zeitpunkt noch lange nicht formuliert. Vor allem erahnte ich nicht, was sie sie bei mir alles anrichten würde.

Der Zinkleinenverband

Der Geist einer Sprache offenbart sich am deutlichsten in ihren unübersetzbaren Worten.

Marie Freifrau von Ebner-Eschenbach

Bereits vor dem Sonnenaufgang fanden wir uns auf der Wiese zusammen und packten unsere Sachen zusammen. Sogar das Zelt war schnell aufgeteilt. Kurz bevor die Sonne über dem Pass erschien, konnten wir uns auf den Weg machen. Es gibt einen Wahrnehmungsfehler, der einem bei solchen Touren häufiger passiert. Das Auge meldet an das Gehirn, ich sehe etwas, also kann es ja nicht mehr so weit sein. Sechshundert Höhenmeter bleiben aber sechshundert Höhenmeter. Wir brauchten dann doch noch einige Zeit um den Pass zu erreichen. Doch oben auf dem Pass, widerfuhr Käthe und Ute der gleiche Effekt, den Herman und ich bereits mehrfach hatten. Dieser imposante Ausblick auf die Landschaft unter uns.

Der vor uns liegende Weg schlängelte sich durch eine satt grüne Landschaft, die links und rechts von Gebirgsmassiven eingesäumt wurde. Einträchtig liefen wir den relativ sanften Abstieg entlang und konnten uns beim Laufen sehr gut entspannen. Selbst Käthe, bei dem man gerade abwärts eine sehr erhebliche Belastung des Knie erwartet hätte, kam auf seine Kosten. Ich ging aber ohnehin davon aus, dass Herman ihn mit seinen Tropfen voll gepumpt hatte. Nach einiger Zeit wurde der Weg auch belebter. Immer häufiger trafen wir auf Familien, Wandergruppen oder Pärchen, die einen Tagesausflug vom Hotel aus machten.

Nach einigen Stunden landeten wir in dem Dorf Sazos. Sazos ist ein Vorort unseres Tagesziels Luz-St. Sauveur. Ein kleines freundliches verschlafenes Dorf, mit kleinen sehr gepflegten weiß verputzten Häusern. Wir beschlossen hier ein paar Minuten Rast einzulegen, bevor wir die letzten Kilometer nach Luz-St. Sauveur bewältigten. Auf einer Bank in der Nähe des Brunnens, an dem wir uns niedergelassen hatten, saßen drei alte Frauen mit Kopftüchern. Ich schätzte, jede von ihnen hatte mindestens die achtzig überschritten. Am Brunnen scherzten wir untereinander gut aufgelegt. Fast hätte ich nicht bemerkt, wie sich eine der Frauen uns näherte. „ Bonjours messieurs! Pourriez-vous s'il vous plaît parlez pas allemand. La femme en face il y avait un problème avec les Allemands."[2]

Im ersten Augenblick, war ich bei den Worten etwas überfordert, fing mich jedoch sehr schnell wieder. Ich antwortete ihr, „Oui, je l'ai compris, pas de problème."[3] Verständlicher Weise starrten mich meine drei Begleiter erwartungsvoll an.

---

2 „Guten Tag meine Herren! Könnten Sie bitte nicht Deutsch sprechen, die Dame da vorn, hat ein Problem mit Deutsch.

3 „Ich habe verstanden! Kein Problem!"

„Hat sie Dir einen Heiratsantrag gemacht?"
„Eher weniger, sprecht mal ein wenig leiser." „Warum?" fragte Herman, während er gleichzeitig bestimmt zum fünfzigsten Mal sein GPS mit mit einem lauten -Klack- aus dem Gürtel zog.
„Weil sie mir gerade gesagt hat, ihre Freundin, die ältere Dame da auf der Bank, ein Problem mit Deutschen hat."
„Ja, und!? Nicht mit mir, ich habe ihr nichts getan." polterte Herman zurück.
„Du vielleicht nicht. Keine Ahnung, vielleicht war sie in der Resistance oder so, ich finde den Gefallen leise zu sprechen, kann man ihr tun."
„Dieses Nazi Ding geht mir auf den Sack!" Pöbelte der verschwitzte Ute. „Ich war nicht dabei, und mein Großvater auch nicht. Die sollen sich mal alle wieder einbekommen."
An dieser Stelle wurde ich ungemütlich. „Leute, keiner von uns, weiß was die Frau erlebt hat, ich finde, wir können ihr mit Respekt begegnen, soviel muss drin sein!" zischte ich eine Spur zu aggressiv. Einiger Maßen säuerlich griff ich mir meinen Rucksack, schulterte ihn und setzte meinen Weg fort. Sollten sich die Kerle doch benehmen wie sie wollten. Ich hasste es, wenn solche Dinge passierten, auf allen meinen Reisen hatte ich bisher versucht, derartige Dinge zu respektieren und verspürte keine Lust, dieses wegen dieser drei Ignoranten zu ändern.

Letztlich folgten sie mir aber. Herman war der erste, der wieder zu mir aufschloss. „Hey Fackel, nun sei doch nicht sauer!" „Ist doch wahr, was soll denn dieser Scheiß. Was wissen wir denn schon? Wenn ich von Deutschen vergewaltigt worden wäre, hätte ich auch etwas gegen die deutsche Sprache, da kannst Du Dir sicher sein. Typisches Touri Gehabe, ich bin jetzt hier und damit haben sich alle nach mir zu richten." wetterte ich vor mich hin.
„Ist ja gut!" Kam es von Herman schon deutlich versöhnlicher, als er noch am Brunnen gesprochen hatte. Der Rest des Weges führte über kleinere Wege, zwischen kleinen Bauernhäusern und an nicht näher

benannten Ortsrändern vorbei, bis wir vor uns Luz-St. Sauveur auftauchen sahen. Von der Größe her entsprach Luz in etwa einer Bundesdeutschen Kreisstadt, mit einer Besonderheit. Natürlich hatte Luz als Skizirkus Stadt ein Sportgeschäft und damit einen Kunden. Herman! Er hatte das Geschäft mit seiner Werbung bereits oben vom Wanderweg aus entdeckt und steuerte direkt darauf zu. Eine halbe Stunde später hatte Herman die dritte Jacke Typ „-die alles kann -", eine neue Isomatte und ganz entscheidend: Ein exorbitant leichtes Einmann – Zelt, womit ich dann der letzte im Bunde war, der noch im Biwaksack schlief. Dieses Zelt sollte an einem späteren Zeitpunkt der Wanderung noch einmal eine erhebliche Bedeutung, bekommen.

Herman war glücklich, wenn auch um diverse hundert Euro erleichtert. Blieb noch das Knie von Käthe. Käthe hatte auf den letzten Kilometern erheblich gelitten und war sehr blass um die Nase herum. Seinem Bekunden nach konnte jetzt nur noch ein Zinkleimverband helfen. Also machten wir uns auf die Suche nach der nächsten Apotheke. Zinkleimverband! Na, nichts einfacher als das. Es dürfte sich so ziemlich um eines der ersten Worte handeln, welches der Oberschüler in Französisch lernt. Zinkleimverband! Da stand ich ich nun in der Apotheke. Vor mir eine freundliche, aber mich fragend anschauende Apothekerin und drei recht wild aus sehende Männer hinter mir.

„Douleur dans la jambe!" Schmerzen am Bein, war immerhin schon ein Anfang. Wild zeigte ich dabei auf das Knie von Käthe. „Sur le genou!?" Mit der Reaktivierung meines passiven Wortschatzes verstand ich, dass sie schon einmal die Lokalisierung Knie verstanden hatte. Jetzt kam der schwierige Teil. „Zinkleimverband" Wie zum Teufel sollte man das übersetzen?

„Ont-ils un tableau périodique?" Wie mir die Frage nach einem Periodensystem eingefallen ist, kann ich mir heute noch nicht erklären. Jedenfalls hatte sie eins und überreichte mir ein Buch, in dessen

Klappe eines aufgedruckt war. Nun zeigte ich immer wieder auf das Element Zink, machte die Bewegung, als wenn ich einen Verband wickeln würde und zeigte auf das Knie von Käthe. Heute, im nachhinein, denke ich mir, diese Frau hätte ich heiraten sollen. Sie verstand mich tatsächlich. Jedoch bedauerte sie, so etwas nicht zu haben und bot mir einen mit Sicherheit sehr wirkungsvollen alternativen Verband an. Immerhin hatte sie sicherlich Erfahrung, denn wir befanden uns in einem Skiort. Knieverletzungen waren im Winter an der Tagesordnung. Ich hatte die Rechnung allerdings ohne den sturen Käthe gemacht. Mantra gemäß wiederholte er: „Zinkleimverband". Vielleicht kann der eine oder andere an dieser Stelle nachvollziehen, wie ich mich irgendwann überfordert fühlte. Nach drei eingehenden lautstarken Beratungen vor der Eingangstür zur Apotheke, kehrten wir wieder zurück zur amüsierten Apothekerin und kauften ein modernes Präparat.

Jetzt galt es nur noch den Zeltplatz zu finden, aber dank einer sehr guten Ausschilderung erreichen wir den Platz unkompliziert. Es war ein schöner großer Platz. Wir bekamen den Teil einer Wiese zugewiesen, deren Rückseite an einen kleinen Fluss mit dem Namen Rouisseau del' Yse grenzte. Wir vier waren bei perfekten Wetter bester Laune. Herman machte sich sofort über sein Einmann - Zelt her und bekam es auch innerhalb kürzester Zeit aufgestellt. Stolz setzte er sich auf die ebenfalls neue Isomatte, bei der es sich dann doch um die X-Large Version meines Fabrikats handelte.
„Also an diesen Biwaksäcken muss noch deutlich was verbessert werden!" Kaum ausgesprochen, fing er an mit einem Fieberglasstab an zu basteln. „Wenn sie hier am Kopfende eine Stange einziehen würden, würde sich ein kleines Zelt über dem Kopf bilden. Dann wäre alles gut!"
Ich hätte ihm in diesem Augenblick erklären können, bei welchen anderen Fabrikaten er seine Erfindung bereits bewundern könne. Jedoch ließen sich die Hersteller diese „Innovation" mit Goldstaub aufwiegen. Ich ließ ihn erst einmal im Glauben ein großer Erfinder zu

sein. Ich selbst musste mir erst einmal ein Zelt am Kopfende konstruieren, man konnte ja nie wissen, ob sich über Nacht das Wetter änderte. Ein zweites Mal wollte ich nicht meine Nacht damit verbringen, im Taschenlampenlicht wilde Konstruktionen zu erstellen.

Herman hatte dann noch eine Überraschung in seinem Rucksack. Eine mobile Dusche! An sich ein geniales Prinzip. In einen Baum wird ein schwarzer Kunststoffsack gehängt, in dem man zuvor Wasser eingefüllt hatte. Die Sonne erhitzt dann das Wasser. Unten am Sack befindet sich ein Ventil mit einer Brause. Nach kurzer Zeit hat man eine Dusche, mit angenehm temperierten Wasser. Allerdings machte das Ding auf einem Campingplatz keinen Sinn. Dieser Umstand hinderte Herman jedoch nicht daran, seine Dusche zu installieren. Eine halbe Stunde später forderte er mich auf, sie zu testen. Als ich dieses mit dem Hinweis auf das nahe gelegene Waschhaus ablehnte, fauchte er mich erbost an, „ Kann der feine Herr mir dann mal erklären, wozu ich den ganzen Kram in meinem Rucksack durch die Landschaft schleppe?" Was sollte ich darauf noch sagen? Ich ließ ihn schmollen und erkundete den restlichen Platz.

In dieser Zeit traf auf dem Zeltplatz ein großer Reisebus ein. Ich war zwischenzeitlich wieder zu den anderen zurück gekehrt. Aus dem Bus stieg eine Gruppe Männer und Frauen im Alter zwischen Zwanzig und Dreißig. Alle Männer trugen sämtlich weiße Hemden und schwarze Buntfaltenhosen, ihre Frisuren waren auffallend konservativ. Die jungen Frauen waren passend dazu mit weißen Blusen und schwarzen Röcken bekleidet. Sie alle samt sprachen Englisch mit amerikanischen Einschlag. Ich hatte in etwa eine Vorstellung, um was für Neuankömmlinge sich handeln würde. Entweder handelte es sich um Kreationisten oder Scientologen. Herman und Käthe setzten sich jedoch die Hormonbrille auf. Sie sahen nur noch Röcke und zumeist gut gefüllte Blusen. Ihre Pornofantasien von Sekretärinnen waren erfüllt. „Yes!" Stieß Herman hervor. „Da geht was heute Abend!" Mitleidig lächelnd sah ich die beiden an. „Ganz sicher geht da heute Abend etwas, das sehe ich mir an!"

Das Duo Herman und Käthe ließen die Gruppe nicht mehr aus den Augen. Ute beschloss zusammen mit mir auf Versorgungstour zu gehen. Der Campingplatz hatte eine eigene Gastronomie. Wir durften uns auf ein ausgiebiges Abendessen freuen. „Schon mal einen Perroquet getrunken?" fragte ich Ute, während ich mir das Spirituosen Angebot am Tresen ansah. „Nein, der Kelch ist bisher an mir vorbei gegangen." „Ist so ne Art südfranzösisches Nationalgetränk. Pernot, Pfefferminzlikör, Eiswürfel und eine Karaffe Eiswasser zum Auffüllen. Sieht schön bunt aus, deshalb auch Perroquet. Perroquet heißt Papagei. Setz Dich schon mal da vorne in die Sonne, ich komme gleich." Unser Platz war herrlich. Die Sonne brannte und passend dazu schlürften wir unseren giftgrünen Perroquet, der durch die Minze erfrischte.

Das stetige Verdünnen vermied nennenswerte Probleme. „Schau mal da hinten, die Mormonen bauen ihr Gebetszelt auf." Ich zeigte in die Richtung eines größeren Freigeländes. „Meinst Du es sind Mormonen?"
„Keine Ahnung, auf jeden Fall irgend welche strenggläubigen Amis auf Europatour. Vielleicht auch Scientologen." Ich beschattete meine Augen und suchte die Gegend um das entstehende Zelt ab. Plötzlich musste ich lauthals lachen.
„Und da hinten auf der Bank sitzen Herman und Käthe, diese Böcke!"
Ute fiel in mein Lachen mit ein. „Weißt Du was ich mir gerade vorstelle?"
„Nein!" antwortete ich, kurz vor dem nächsten Lachanfall stehend. „Ich stelle mir die beiden in dem Zelt vor, zwischen diesen Bravgläubigen, in Erwartung was jetzt gleich passieren wird.
„Die Bluesbrothers in den Pyrenäen. Wir sind im Namen des Herren unterwegs!"
„Geht ja nicht ...!" Setzte Ute nach. „Wie soll denn der kleine Dicke mit dem Knie einen Flick Flack machen?" „Mit einem Zinkleimverband?" Nun war es für uns beide vorbei.

„Wir waren mal mit dem Team auf der Kieler Woche. Da tauchten in unserem Festzelt auch so ne Truppe langweiliger Mädels auf. Fragt mich die eine, wer wir denn wären. Ich habe ihr gesagt, wir wären vom Film. Da ist sie prompt drauf angesprungen und wollte wissen wir für Filme drehen würden. Na so Filme mit viel Haut und so! Porno's oder so? Hat sie prompt gefragt. Ja ... Schwulenpornos. Ich hab dann auch gleich auf Erich gezeigt. Das ist Erich ... Erich the Cock! Das reichte ihr aber noch nicht. Was ich denn da machen würde. Ich habe ihr gesagt, ich bin der EAblä."
„Eablä?"
„Kennst Du nicht? Erster Anbläser!" Jetzt hatte ich Ute ein zweites Mal Schnappatmung verschafft. Wieder zu Luft gekommen, rieb er sich die Tränen aus den Augen.
„EAblä, muss ich mir merken, das zieht. Kennt Herman die Story?"
„Ich denke nicht!"
„Das schreit nach einer Wiederholung."
„Aber nicht heute, mir reicht der Zinkleimverband, ich habe keine Ahnung, wie man den Mist ins Englische übersetzt." Ich machte mich auf den Weg, weitere Perroquet zu ordern. „Ich gebe noch ne Runde, wenn Du unseren beiden Gockeln da hinten Bescheid sagst, bringe ich gleich vier mit!" Er stand auf. „Geht klar!"

Als ich wieder zum Tisch zurück kehrte, hatten sich dann die beiden Hormongesteuerten auch wieder eingefunden.
„Und schon ne Nummer arrangiert?" spottete ich.
„Du wirst schon sehen, da geht was. Da sind ein paar nette Kandidatinnen da bei, und mit diesen Langweilern, wollen die sich heute Abend bestimmt nicht abgeben."
„Und dann Sex im Einmannzelt? Was hast Du an dem Wort „Einmannzelt" eigentlich nicht verstanden?" Spottete ich weiter.
Herman würdigte mich keines Blickes. Seine volle Aufmerksamkeit galt weiterhin dem weißen Mannschaftszelt im hinteren Bereich des Zeltplatzes. Wir bestellten uns Hähnchen mit Pommes und erzählten

eine Anekdote nach der anderen. Bisweilen erinnerten mich solche Gespräche immer an eine Zeichnung des 2004 verstorbenen Mitbegründers der Titanic Chlodwig Poth. Man sieht auf dem Bild ein paar Kinder im Kinderzimmer und diverse Erwachsene, die sich über ihre Demonstrationserlebnisse in Kreuzberg unterhalten. Eines der Kinder stellt trocken fest: Die Alten reden wieder über ihre Kriegserlebnisse! Jeder Polizist, jeder Soldat und jeder Feuerwehrmann hat irgendwann mal Ereignisse in seinem Leben gesammelt, die bei normalen Verstand nicht zu bewältigen sind. Meiner persönlichen Auffassung lohnt nicht einmal der Versuch. Es bleibt einfach nur die Flucht ins Bagatellisieren oder eben eine sehr spezielle Form von Humor. Ob es nun zum Beispiel randalierenden Demonstranten gefällt oder nicht, was sie da auf der Straße betreiben sind fortwährende Mordversuche. Ich schließe den Totschlag aus, da sie vorsätzlich, beseelt von niedrigen Motiven handeln. Ein Mensch, der eine Gehwegplatte gezielt auf ein Fahrzeug aus einer der oberen Etagen eines Hauses wirft, handelt in Mordabsicht. Wenn Feuerwehrleute und Polizisten gezielt in Brand gesteckt werden, ist es schlicht ein versuchter Mord. Der Zufall hat bisher den ersten Toten verhindert.

Wenn ein arabischer Schwerkrimineller mehrfach durch eine Tür schießt und hierbei einen Polizisten erschießt, handelt er in Mordabsicht, es ist einzusehen, wie schwer juristisch der Nachweis zu erbringen ist, aber jede normale Mensch weiß was passiert ist. Wenn ein Hooligan gezielt einen Polizisten unter halb des Helms den Kehlkopf angeht, dieses entweder mit einem Fußtritt oder einer bandagierten Hand durchführt, handelt nicht mehr in Absicht einer Körperverletzung. Ein Islamist, der einem Polizisten gezielt auf den Oberschenkel einsticht, weiß genau was er tut. Er will die Oberschenkelarterie treffen, jenes hat er nämlich so gelernt.
Natürlich wird der Rechtsanwalt es anders drehen, dafür bekommt er schließlich sein Geld … aber alle Wissenden, haben eine klare Vorstellung davon, was das Ziel war: Töten!

Ich kenne eine ganze Menge Menschen, die ihr Leben lang von dem einen Erlebnis erzählen, in denen ihnen ihr eigener Tod fast begegnet ist oder sie in einer Situation waren, wo sie anlässlich eines Unfalls auf die Tatsache hingewiesen wurden, ihr Leben ist endlich. Für die genannten Berufsgruppen gehört das zum Alltagsgeschäft. Auch wenn es nie zu früh sein kann, sich mit diesem Gesetz auseinander zu setzen, stellt es eine Belastung dar. Wenigstens immer dann, wenn dieses nicht begleitet wird.

Nicht aushaltbar sind auch die Äußerungen von selbsternannten Fachleuten, die über Integrationsprobleme in Deutschen Großstädten reden. Mit tun in diesem Zusammenhang immer die armen Gemüsehändler oder hart arbeitenden Kebab – Fleisch Abschneider leid. Die Großstädte haben ein mafiöses Problem, de facto kein Ausländer oder Islam Problem. In Italien würde kein Mensch auf die Idee kommen, das Mitglied einer Mafia Familie des Katholizismus zu beschuldigen. Und die arabischen Clans haben schlicht den Charakter einer Mafia Familie. Die Sozialisation ist krimineller Natur, da gibt es keine Integration oder gar eine Resozialisation – Wohin denn? Zurück in den Clan? Das hat alles nichts mit Religion oder Rassismus zu tun, sondern schlicht mit internationaler Kriminalität. Letztlich scheint es auch eine Frage des Zeitgeistes zu sein.

Während man sich in den 90ziger Jahren als Polizist noch provokativ in einen der sogenannten Kulturvereine setzen konnte, um einfach mal ein wenig Präsenz zu zeigen, kommt heute ein Rechtsanwalt um die Ecke gebogen, der von Belästigung seines Mandanten spricht. Warum diese Kulturvereine alle Milchglasscheiben haben, im Regelfall immer ein vermeintlicher Gast vor der Tür steht und die Straße beobachtet, erschließt sich dem Beobachter nicht.

Die wenigsten Kneipen in Berlin, in dem mitteleuropäisches Brauchtum gepflegt wird, ersehen es für notwendig die Öffentlichkeit auszusperren. Vorausgesetzt das Brauchtum geht nicht gerade zu weit nach rechts oder hat etwas mit dem Horizontalen Gewerbe zu tun. Keiner stellt die Frage, wie sich das nahezu mittellose arabisch

stämmige Clanoberhaupt, zugleich Vorsitzender des Kulturvereins, den Top Rechtsanwalt auf Honorarbasis leisten kann. Es hat sich auch noch nie öffentlich jemand die Frage gestellt, warum in bestimmten Kreisen und Strafverfahren immer die gleichen Rechtsanwälte auftauchen, die in kriminalpolizeilichen Kreisen liebevoll OK – Rechtsanwälte genannt werden, wobei sich OK von Organisierte Kriminalität ableitet.
Leider wird von Kommunalpolitikern, entweder aus Unkenntnis heraus oder schlicht aus monetären Aspekten heraus, vieles zusammen in einen Mixer geworfen, was nicht zusammen gehört. Wenn zum Beispiel ein Clan Transporte für radikale Imane organisiert, macht er dieses nicht, weil er religiös ist. Er will Geld und Reputation verdienen. Da unterscheidet sich Palermo nicht von Frankfurt am Main oder Berlin. Kaum jemand kommt auf die Idee, die eine oder andere Moschee mal auf die Verwendung ihrer zahlreichen Spenden anzusprechen. Theoretisch müssten einige Moscheen in Berlin Fußbodenheizung, goldene Wasserhähne, Blattgoldverzierungen und anderen Luxus auf weisen, tun sie aber nicht. Jeder Ermittlungsstaatsanwalt in Sizilien kann darüber nur müde lächeln, aber in Deutschland geht fast alles, und das wissen die Clans nur zu gut.

Und wenn irgendjemand wirklich das Problem Islamismus angreifen wollte, müsste man schlicht Burkas konsequent verbieten. Schon würden sich die Ultras eine andere Gegend suchen, da ihnen die Standortvorteile abhanden kommen würden. Aber auch hierfür hätte das Milieu vermutlich eine Antwort. Die Clans, die ohnehin schon am Immobilienmarkt mit mischen, würden diesen Problemfällen bevorzugt zusammenhängenden Wohnraum anbieten, damit die Frauen sich nicht mehr in der Öffentlichkeit zeigen müssen.

Ein guter Ermittler fragt im Bereich der Organisierten Kriminalität immer nach dem Geld. Wer verdient an der Sache, wie viel, wann und über welche Stationen? Wer verdient an den Flüchtlingen? Wer stellt die Unterkünfte, wer liefert die Logistik? Wem gehören die Häuser, in denen sich vermehrt orthodoxe Islamisten sammeln? Wer

kauft Häuser auf und vermietet sie da nach dem Senat als Unterkünfte? Woher stammt das Geld für die Immobilienkäufe? Welche Politiker treten hierbei in Erscheinung?
Falcone endet in einem seiner Bücher mit der Hoffnung andere Länder würden von den Erfahrungen Italiens lernen können. Leider reicht der Horizont einiger Verantwortlicher nicht so weit eine Transferleistung auf andere Nationen zu leisten.
Das Wissen um diese Umstände, die Untätigkeit der verantwortlichen Stellen bzw. der im Zweifel offen gezeigte Populismus in Talkshows seitens aktiver oder ausgestiegener Politiker, die mal lieber in ihrer aktiven Zeit hätten handeln sollen, machte einen weiteren Teil der Frustration aus, die sich zumeist in schlechten Benehmen, politisch unkorrekten Begriffen und eben im genannten Bagatellisieren ausdrückte. Denn ein öffentliches Auftreten, hätte für den Polizisten weitreichende Folgen, also lässt er es lieber.

All dieses zog durch meinen Kopf, während Ute, Käthe und Herman mehr oder weniger lustige Geschichten, von Wohnungserstürmungen, Festnahmen, heraus-ragenden Kriminellen und schief gelaufenen Straf-verfahren erzählten. Herman setzte gerade dazu an, von einer Gerichtsverhandlung zu erzählen, in der der vorsitzende Richter die Kontrolle verlor, weil eine der Großfamilien ausrastete, als er bemerkte, wie sich die Amerikaner auf dem Weg zu uns machten.

Das Team vom Camping Platz hatte eigens für die große Gruppe Bierzeltgarnituren aufgestellt, die günstiger Weise, selbstverständlich vollkommen ohne Vorausplanung in unserem Blickfeld standen.

„Siehst Du die Schwarzhaarige in der Mitte? Au Mann, nur mal anfassen! Mehr will ich ja gar nicht."
Gemeint war eine wirklich ausgesprochen attraktive zirka fünfundzwanzig Jährige mit langen gelockten schwarzen Haaren. „Ich werde sie einfach zu einem Drink einladen!" Schmiedete Herman seinen

Schlachtplan.

„Du beeindruckst mich immer wieder mit Deinen Tricks, Du bist schlicht der perfekte Womanizer!" Lästerte ich und schüttelte den Kopf dabei.

Herman ließ sich nicht von seinem Vorhaben abbringen. Er stolzierte mit geschwollenen Kamm zum Tresen und kam bald darauf mit zwei Cola Rum in den Händen wieder. Aufmerksamkeit erheischend tuschierte er mich kurz an der Schulter, schob die Lippen nach vorne und nickte mir mit einem wichtigen Gesichtsausdruck zu, so als wolle er mir mitteilen: Sieh zu und lerne! Die Ärmste war völlig überrascht von der zum einen unerbetenen Getränkespende, zum anderen von dem seltsamen Mann, der ihr das Getränk hingestellt hatte. Immerhin roch sie kurz an dem Glas, verzog jedoch sofort angewidert wegen des Alkohols ihr Gesicht. Sie stellte das Getränk einfach nur beiseite.

„Diese Lala hat nicht einmal gekostet!" empörte sich Herman. Dieses Mal griff Ute ein. „Herman! Das sind religiöse Spinner, die trinken Saft, Tee und Wasser." „Da kann man nichts machen." bedauerte nun auch Käthe. Da wir aber nun schon ein mal beim Rum angekommen waren, spendierten wir uns ab diesem Zeitpunkt so einige Lagen. Wie stets in solchen Fällen, wechselten wir unsere Sprache von Deutsch auf Kisuaheli. Vor allem sprach jeder vor sich hin, was ihm gerade so einfiel. Herman erinnerte sich an die anstehende Vaterschaftsklage, Käthe beschimpfte den Arzt, der angeblich sein Knie falsch behandelt hatte, Ute haderte mit seiner Dienststelle und ich beschimpfte meine Ex-Frau.

Herman hatte in diesem Zustand eine Besonderheit, die allgemein bekannt war. Ab einer gewissen Promillegrenze begann er entweder tote Gegenstände, bevorzugt Betonpfeiler, ersatzweise auch Bäume zu verprügeln oder er erfreute sich daran Feuerlöscher auszulösen. Letztere konnte ich ausschließen, aufpassen musste ich allerdings auf die Pfeiler. Weniger wegen der Verletzungsgefahr, mehr wegen der Gefahr vom Platz verwiesen zu werden.

Ich erinnere mich noch an einen Abend, an dem wir in einer Diskothek durch Zufall auf Hermans geschiedene Frau trafen. Ich musste ihr versprechen, auf ihn aufzupassen. Ich tat ihr den Gefallen und versprach ihn nach Hause zu bringen, wenn er wieder anfangen würde, einen Pfeiler zu bearbeiten. Kaum hatte ich es ausgesprochen, hörte ich hinter mir einen Urschrei. „Uaaah!" Herman hatte sich spontan entschlossen, einen der Stützpfeiler an der Tanzfläche mit Sidekicks und Faustschlägen zu bearbeiten. Nun, dieses wiederholte sich auf dem Campingplatz. Sein Opfer war aber zu unserem Glück eine etwas abseits stehende Pinie, bis auf die Schreie blieb der Rest unbemerkt. So landeten wir dann alle mehr oder weniger volltrunken in unseren Schlafsäcken.

Als ich erwachte, erblickte ich wenige Meter von uns entfernt bereits am Tag zuvor abgestellte große Wohnmobile. Unter den Vorzelten saßen nun drei Familien mit Kindern, die beim Frühstück einen unmittelbaren Blick auf unser Lager hatten. Verschämt sah ich mich um. Neben mir steckte im Rasen ein Messer. Auf der anderen Seite meines Biwaksacks stand eine halb geleerte Flasche Rum und am schlimmsten war, irgendetwas befand sich in meinem Gesicht. Etwas ekliges nicht definierbares. Ein vorsichtiges Tasten ließ mich zwei widerliche braune Nacktschnecken erfühlen. Zeitgleich vernahm ich ein sehr deutlich vernehmbares heiseres Lachen aus der Richtung von Herman`s Schlafplatz.

„Hast Du gehört? Die Tochter hat gerade zu ihrem Vater gesagt, „Guck mal Papa, Assis …!" Passend hierzu krabbelte ein vollkommen verkaterter Käthe, ausschließlich mit einer Unterhose bekleidet aus dem Zelt und streckte sich. Ein wahrlich nicht schönes Bild für die Kinder.

Die Trennung

Zwei Dinge sollst du meiden, o Wanderer: die zwecklosen Wünsche und die übertriebene Kasteiung des Leibes. Buddha

Es war klar, in diesem Zustand konnten wir an diesem Tag nicht los laufen. Über Nacht hatte sich Käthe's Zustand auch nicht verbessert. Das Ute und er sich abseits hingesetzt hatten, bedeutete nichts Gutes. Von meinem Platz, einem Baumstamm am Fluss, konnte ich sehen, wie sie immer wieder das Bein betrachteten. Es machte ja letztlich auch keinen Sinn, für die Aktion seine Gesundheit weiter zu riskieren.

Herman nutzte die Zeit und wusch im Sanitätshaus unsere Sachen, damit wir in den nächsten Tagen wieder auf die volle Ausrüstung zugreifen konnten. Ich wandte mich ab und schaute auf den kleinen Fluss. Ich musste an die Worte denken, die ich Ute gesagt hatte, als er im Bach gesessen hatte. Der Fluss wird mit Dir sprechen, hatte der Fährmann bei Herman Hesse im Siddharta seinem Begleiter gesagt.
„Wenn jemand sucht, dann geschieht es leicht, dass sein Auge nur noch das Ding sieht, das er sucht, dass er nichts zu finden, nichts in sich einzulassen vermag, weil er nur immer an das Gesuchte denkt, weil er ein Ziel hat, weil er vom Ziel besessen ist."
Bedenkenswerte Worte die da im Siddharta standen. Von welchem Ziel war ich besessen? Was suchte ich denn eigentlich? Waren das die Gedankengänge, bei denen Kalle in der Kneipe in Verschwiegenheit verfallen war. Hatten solche Gedanken diesen Gesichtsausdruck erzeugt: Es gibt Dinge, die ich Euch nicht erzählen kann. Hatte er auch dieses Gefühl gehabt, sich gemeinsam mit den anderen im Kreis zu drehen? Nur noch ein geschlossener Haufen, der längst den echten Kontakt zu anderen Menschen verloren hatte? Unsere Meinungen, unsere Vorstellungen vom Leben, wie man sein Leben richtig führen

würde, am Ende nur das Ergebnis einer festen Gruppe, die sich nur noch als Gruppe entwickelte, das Individuum mit seinen eigenen Vorstellungen auf der Strecke blieb?

Auch an dieser Stelle, hatte ich nicht einmal im Ansatz eine Vision davon, wie schnell sich die Dinge entwickeln konnten. Eigentlich hätte ich aufgrund eines zurückliegenden Erlebnisses bereits gewarnt sein müssen. Ich wußte, wie schnell die Gruppe, die eigene Moral verdrängte. Als die ersten rumänischen kriminellen Banden in den Fußgängerzonen deutscher Städte auftauchten, musste die Polizei schnell fest stellen, wie professionell sie arbeiteten und sich auf Deutschland perfekt eingestellt hatten. Vielfach hatten sich Frauen Rasierklingen in die Haare geflochten, die Folge waren schwere Verletzungen bei den festnehmenden Beamten. Ihre Kinder, die ebenfalls das Handwerk des Diebstahls bereits erlernt hatten, konnten meisterlich epileptische Anfälle vortäuschen. Die erwachsenen Männer täuschten ebenfalls mit schauspielerischer Meisterlichkeit Suizide vor.

An dieser Stelle sei der Begriff: Kriminell! Doppelt unterstrichen. Tatsächlich gehörten diese Menschen grundsätzlich den Volksgruppen Sinti und Roma an. Nur definieren sie sich im Regelfall nicht über diese Zugehörigkeit, sondern über die Zugehörigkeit zu ihrer Familie. Und genau dort liegt die Differenzierung. Es gibt innerhalb dieser Volksgemeinschaften Familienzweige, die den eigenen Leuten Kopfzerbrechen bereiten. Ich hatte einmal im südfranzösischen Saint Marie de la Mère die Gelegenheit, die Prozession zu Ehren der Schwarzen Madonna erleben zu dürfen. Ich lernte hier sehr gläubige und vor allem sehr nette Menschen dieser Volksgruppen kennen.

Auf der anderen Seite, hatte ich innerhalb eines verdeckten Einsatzes das zweifelhafte Vergnügen, ein Gespräch mit einer Angehörigen eines kriminellen Familienzweiges zu führen. Sie hielt mich für einen Hehler, der dazu in der Lage war gestohlene Kreditkarten an den Mann zu bringen. In einer ziemlich miesen Berliner Spelunke, sprach sie darüber, dass die alten Deutschen Frauen das Geld ohnehin nicht mehr brauchen würden, es somit vollkommen legitim wäre, wenn sie sich dieses Geld einstecken würde.

Die Polizei stellte sich zügig auf die Verhaltensweisen dieser Kriminellen ein. Es erging die Weisung, jenen Festgenommen ist ihre Kleidung abzunehmen. Im Gegenzuge sollten sie Polizeitrainingsanzüge und Sportschuhe ohne Schnürsenkel erhalten. Die Intention dahinter war erst einmal nachvollziehbar. Jedoch bekamen diese Menschen Trainingsanzüge zugeteilt, die ihnen diverse Nummern zu groß waren. Von den Jacken waren die Reißverschlüsse entfernt worden und bei den Schuhen handelte es sich um sogenannte Kindersärge. Es ist leicht vorstellbar, welches Bild diese Menschen nun ab gaben. Mit einer Hand hielten sie sich die Hosen fest, mit der anderen Hand die Jacke zu und schlurften mit den viel zu großen Schuhen über den Gang. Erschreckender Weise machte ich mir über diese Situation gar keine Gedanken, und wenn nur einzigen: Das haben sie verdient!

Die Würde des Menschen ist unantastbar! Dieser Kernsatz der Grundgesetz Präambel war in meinem Gehirn gelöscht. Erst als mir mein Freund Günther einen pensionierten leitenden Polizisten vorstellte, welcher sich wegen dieser Zustände an Amnesty International gewandt hatte, fing ich mich an zu schämen. Ich hatte mitgemacht, ich war zum Täter geworden.

Und in anderer Form wiederholt sich dies nun alles wieder, im Angesicht einer Flüchtlingsdebatte. Der Volkszorn differenziert nicht zwischen Flüchtlingen und ganz wenigen Irren, die sich als Terroristen unter sie mischen. Der Pöbel sieht nicht, wie die echten Flüchtlinge mit Sicherheit keinen Kopf dafür haben, sich darüber Gedanken zu machen, ob nun einer von Ihnen terroristische Ambitionen hat. Der Stammtisch entwickelt wenig Verständnis für die Ausnahmesituation, in der sich diese Menschen befinden. Doch war und ist es mein Anspruch an Spezialisten bei den Sicherheitsbehörden sich hiermit kritisch auseinandersetzen, denn wenn selbst diese Insider es nicht tun, was ist dann noch von der breiten Masse zu erwarten?

Auf der anderen Seite reagieren aber auch nicht die Gerichte und trennen mit ihren Urteilen die Spreu vom Weizen. Weder Herman, Käthe oder mir stand es zu, Kollegen zu kritisieren, dafür waren wir zu oft dabei. Zu oft hatten wir uns selbst mit unseren Verhaltensweisen ins Abseits gebracht. Aber eine Frage gestand ich mir zu. War ich noch dazu in der Lage meinen Auftrag als Polizist zu erfüllen? Wann würde bei mir eine Sicherung durchbrennen? Konnte ich ewig immer auf die anderen zeigen?

Auch diese Frage stellte ich mir, als ich auf das Wasser starrte. In meinen Gedanken versunken, bemerkte ich fast nicht, wie sich Herman zu mir setzte.
„So nachdenklich Fackel?"
Ich seufzte. „Ich versuche meinen Kopf frei zu bekommen, ich meine deshalb sind wir beide doch unter anderem hier."
„Und funktioniert es?"
„Nicht wirklich! Hast Du eine Zigarette?"
Herman nickte und reichte mir seinen Tabak herüber. Ich begann mir eine Zigarette zu drehen „Ich sehe dunkle Zeiten am Horizont. Das entwickelt sich alles komisch."
„Was meinst Du?"
„Ich finde das fäßt sich alles falsch an. Jeder Hirn auf der Straße denkt, er kann sich heraus nehmen was er gerade will. Klar hatten wir früher auch Rocker. Natürlich hatten wir Kriminelle, sicher hatten wir Räuber, die mal mit einer Maschinenpistole um sich geballert haben, Fußballfans, die sich geprügelt haben ... aber das waren Ausnahmen, eine Zeitungsmeldung. Heute haben wir diesen Scheiß jeden Tag. Und dann haben wir noch diese Turnbeutelvergesser aus dem höheren Dienst. Die wollen doch nur noch nach oben, seinen Arsch riskiert keiner mehr von denen. Das Wort Entscheidung ist doch für die ein Fremdwort. Und wenn es hart auf hart kommt: Das ist Politik, dass verstehen sie nicht."

Die Zigarette war fertig und ich entzündete sie. „Ich hab' s doch gesagt, lass uns hier irgendwo eine Currywurstbude aufmachen. Ich

habe auch keinen Bock mehr auf diese Pimmel." Er drehte sich um und schaute in Richtung der beiden anderen, die immer noch abseits von uns saßen.
„Jeder von uns ist letztlich eine tickende Zeitbombe, so oder so, soviel steht fest. Gekündigt haben wir längst. Wenn einer von uns zu einem Psycho Onkel hin geht, schlägt der die Hände über den Kopf zusammen und nimmt aus dem Rennen. Irgendwann zerlege ich so einen Pimmel richtig, das war es dann für mich. Und Du gehst eines Tages einem Vorgesetzten an die Gurgel, wärst nicht der Erste, da muss nur der Richtige kommen und Bämm!"
„Lass uns zu den anderen gehen. Wir sind schließlich zum Wandern hier." Unterbrach Herman hart unser Zwiegespräch.
Gemeinsam gingen wir zu den beiden herüber. „Na wie sieht es aus mit Euch bei den Hübschen? Geht es noch weiter?" Sprach Herman Käthe an.
Das Gesicht von Käthe sprach Bände. „Ich denke mal nicht. Das Knie ist im Arsch. Aufwärts mag es halten, aber spätestens wenn ich abwärts laufe, knallt es beim Abbremsen immer wieder durch. Ich habe Angst noch mehr kaputt zu machen, als ohnehin schon passiert ist."

Damit war alles gesagt. Ute und Käthe hatten von Anfang an gesagt sie würden die Wanderung nur zusammen machen. Sie hatten sich auch bereits zurecht gelegt, wie es weiter gehen sollte. „Ute meint wir könnten zusammen an die Côte D' Azur fahren und uns dort noch eine Woche an den Strand legen, davon haben wir am Ende mehr, als wenn ich mich weiter quäle."
„Da kann mich nichts machen. Du hast Recht." Bedauerte Herman. „Dann müssen wir nur noch sehen, wie ihr zurück zum Auto kommt." Doch daran hatte Ute schon gedacht.
„Ich habe mal im Verwaltungsgebäude nachgesehen. Da hängt ein Busfahrplan. Alle zwei Stunden fährt ein Bus nach Cauteret, den übernächsten müssten wir schaffen."

„Alter, echt Schade, das hatten wir uns anders vorgestellt, aber trotzdem hat es Spaß gemacht."

Verständlicher Weise war unsere Stimmung gedrückt. Die beiden hatten viel investiert. Aber ich konnte beide Entscheidungen nach vollziehen. An Stelle von Käthe hätte ich es auch versucht. Die Gründe für den Abbruch waren noch mehr nachvollziehbar. Zwei Stunden später brachten wir die beiden zum Bus, entgegen unserer bisherigen Vorgaben, versprachen wir uns, ab jetzt unsere Mobiltelefone an zu lassen und uns gegenseitig auf dem Laufenden zu halten.
Als der Bus verschwunden war, fand Herman als erster von uns beiden zurück zur guten Laune. Er legte freundschaftlich den Arm um meine Schultern. „Perroquet?"
Ich grinse. „Perroquet!"
Auf dem Weg zum Zeltplatz waren wir beide dann gedanklich schon wieder auf unserer Strecke.
„Morgen geht es nach Barèges." „Was sagt der Roadrunner Kampfzwerg?" Fragte Herman skeptisch nach.
„Nach vier Stunden sind wir da."
„OK! Das machen für uns satte sieben Stunden, lass uns früh schlafen gehen."

Post nach Albanien

Unsere Gedanken über die wichtigsten Gegenstände unseres Lebens bedürfen immer aufs neue der Klärung. Hugo von Hoffmannsthal

An diesem Tag bekamen wir es hin, im Morgengrauen unsere Rucksäcke fertig zu machen. Wenn ich gedacht hatte, mein Körper habe sich nun endlich an den Rucksack gewöhnt, stand ich nun vor einer schweren Enttäuschung. Die Pause hatte mich wieder zurück geworfen. Aber immerhin war dann doch ein gewisser Gewöhnungseffekt bei den Schmerzen eingetreten. Die Tagesstrecke erwies sich diesmal als relativ unkompliziert. Wenn denn da nicht einige tierische Begleiter gewesen wären. Das erste größere Hindernis stellte eine Kuh dar. Das Vieh stand mitten auf dem schmalen Weg. Sie machte keinerlei Anstalten, diesen in nächster Zeit frei zu geben. Nun hatten wir schon davon gehört, wie Kühe zwar einen unglaublich dämlichen Gesichtsausdruck haben können, jedoch auch nicht ganz ohne sind, wenn sie gereizt werden. Kühe entwickeln ein ausgeprägtes Herdenverhalten. Dieses kann sie schon mal aggressiv machen. Die gesamten Pyrenaen nun aber als Territorium zu betrachten, empfand ich jetzt aber doch ein wenig übertrieben und die Herde befand sich einige Meter unter uns im Gestrüpp.

Also erklärte ich die Kuh zum Freischärler. Vorsichtig aber energisch schob ich ihr Hinterteil beiseite. Den entstehenden Platz nutzte ich zum Durchschlüpfen. Stoisch ließ sich das Vieh diese Behandlung gefallen. Nun war es an Herman, an der Kuh vorbei zu kommen.

Der große starke Herman hatte Respekt. Wer hätte das gedacht? Eine knappe Tonne Rindfleisch gegen einhundert Kilogramm Stadtkind. Herman blieb nichts anderes übrig, als den dann doch recht steinigen Steilhang etwas aufwärts zu klettern und so die Kuh zu umgehen. Hinter uns folgte eine Familie, die sich aus zwei kleinen Mädchen mit ihren Eltern zusammen setzte. Der Respekt der Mädchen hielt sich in Grenzen. Entnervt vom lauten Schreien der Mädchen, trollte sich die Kuh wiederkäuend zurück ins Dickicht zu ihren Schwestern. Herman hing zu diesem Zeitpunkt immer noch am Steilhang fest und versuchte eine gute Figur zu machen. Auf dem nächsten Teilabschnitt gelangten wir in ein Tal, in dem sich der GR10 in zwei Routen aufteilte. Während ich mit Herman beratschlagte welchen Weg wir einschlagen würden, schloss ein junger Mann zu uns auf. Herman`s Blick war vernichtend. Ich konnte mal wieder seine Gedanken fast hören. „Du armer Amateur, läufst hier mit einem Turnbeutel, sexy Sporthosen und ein paar Turnschuhen in der Gegend herum!"

„Entschuldigen sie, können sie mir sagen, wo der Weg hier weiter geht? Ich habe mehrere Zeichen für den Wanderweg entdeckt."
Da ich die Karte in der Hand hatte, richtete er die Frage an mich. Anhand der Karte verdeutlichte ich ihm wo beide Wege am Ende wieder zusammenführten. Er müsse nur den Wegzeichen folgen, dann würde er letztlich wieder auf den Hauptweg stoßen. Herman sah ihn neugierig an. „Hast Du denn keine Karte?"
„Warum? Ich will nur ein wenig herum laufen, so zur Entspannung, ist ja nur für zwei Tage."
Jetzt hatte er vollständig die Vorstellungswelt von Herman gesprengt. Er konnte es einfach nicht verstehen, wie man sich blind auf seine Orientierung verlassen konnte. Folgerichtig hörte ich wenige Sekunden das mir schon bestens bekannte Klack seines GPS Geräts. „Also wir sind richtig!" sprach er und setzte sich kopfschüttelnd in Bewegung.

Doch die Episode war für Herman noch nicht vorbei. Der direkte Weg des GR10 führte die nächsten zwei Stunden über eine gigantische Steinlawine. Stets darauf bedacht, mit dem Gewicht auf dem Rücken keine Fehltritt zu machen, der mindestens eine böse Verstauchung zur Folge gehabt hätte, kämpften wir uns mühsam vorwärts. Nach zwei Stunden schweißtreibender Arbeit in diesem Gesteinsfeld, entdeckte ich linksseitig von uns einen Wanderer, der geschickt zügig den Abhang herunter kam. War es zunächst nur eine Ahnung, folgte die Bestätigung recht zügig. Auch Herman hatte nun den Wanderer entdeckt.

„Das ist er nicht, oder?" Stieß er schwer atmend verzweifelt hervor.
„Sag mir bitte, er ist es nicht. Du hast gesagt, der Weg wäre ein Umweg."

„Ach Hallo!" Grüßte der andere freundlich, als er auf uns traf. „Danke noch einmal für die Hilfe!"
„Nichts zu Danken!" knurrte Herman vor sich hin.
„Das ist ja wohl die Höchststrafe." Für die nächste halbe Stunde war von Herman kein Wort mehr zu vernehmen. Stur setzte er ein Bein vor das andere und ich störte ihn besser nicht da bei. Nachdem wir das Felsengebiet überwunden hatten, ging der Weg in einen sehr bequem breiten Waldweg über. Hier lernten wir unseren nächsten tierischen Begleiter kennen. Auf dem Weg tauchte ein riesiger Esel auf, dessen Widerristhöhe mindestens meiner Schulterhöhe entsprach. Der Esel beschloss sich uns anzuschließen und trottete entweder neben uns her oder ließ sich ab und wann etwas zurück fallen. Besonders schien ihm mein Rucksack zu gefallen, wurde ich langsamer stieß er mich von hinten an, so als wolle er mich antreiben.

Als Zwischenziel befand sich auf der Strecke der kleine Ort Sers. Hier war unser neuer Freund offensichtlich zu Hause. Er wurde mit nicht gerade freundlichen Worten empfangen. Offensichtlich hatte er vor einiger Zeit die Flucht angetreten. Zügig wurde er nun von zwei Bauern eingefangen. Sehr zu seinem Unwillen sperrten sie ihn ein Gatter ein. Eigentlich hatten wir uns schon ein wenig an den Burschen gewöhnt. Ich war fast ein wenig traurig, ihn nun hinter einem Zaun zu sehen. Aber die Bauern hatten die Rechnung ohne ihn gemacht. Kaum hatte der Kerl seine Lage erkannt, nahm er Anlauf und setzte mühelos über den Zaun hinweg. Ich schaute ihm hinterher, wie er wieder in den Wald verschwand und flüsterte vor mich hin: „Geniess Deine Freiheit, alter Junge!"

Es war Zeit eine Rast einzulegen. Natürlich lagen wir wieder ein mal vollkommen hinter unserem Zeitplan, aber da machte uns längst nichts mehr aus. Nach der Ruhepause wurde der Weg immer einfacher. Die Strapazen des Felsenchaos gerieten schnell in Vergessenheit. Der Weg bot uns noch so einige Impressionen. Alte Bauernhäuser, hohle Wege, spannende Gärten und immer wieder weitläufige Aussichten auf die Bergwelt. Vom Gue de Bolou in der Höhe von 1500 Metern stiegen wir stetig abwärts zum immerhin 1240 Meter hoch gelegenen Ort Baréges. Der Ort lebt vom Tourismus. Als erstes fielen uns die weißen hellen Häuser auf. Ein kleiner aber sehr einladender Ort, an dem man gern ankommt. Wenig Sinn hatten wir für die Thermalangebote, die überall angepriesen wurden. Selbstverständlich besserten wir als erstes unseren Rumvorrat wieder auf, der zusammen mit Salami, Baguette und Käse unsere Abendration sicher stellte. Auch der Campingplatz erwies sich als sehr sauber.
„Hast Du schon Nachricht von den beiden erhalten?" Ich schaute auf die Uhr. „Eigentlich dürften sie jetzt schon unten angekommen sein."

„Nein, aber ich werde sie mal anrufen." Herman zückte sein Telefon und wählte Ute an.
„Ute? ... Ja wir sind jetzt auf dem Campingplatz ... Nein, alles klar ... Was machst Du? ... Ist nicht Dein ernst oder? ... Und er fährt? ... Und Du ... Ha Ha Ha ... Ernsthaft? ... Ich merk schon ... Ruf Morgen mal an!" Etwas konsterniert schaute ich meinen Freund an. „Was ist da los?"
„Unser Ehepaar! Ha Ha Ha! Ute läuft neben dem Auto her und Käthe sitzt am Steuer. Sie reden gerade nicht mehr miteinander, weil Käthe sie wohl komplett in die Walachei gelotst hat. Ha Ha Ha, da ist gerade richtig Stimmung."
„Au Mann, denen ist aber auch nicht mehr zu helfen." Ich packte unser Essen aus und im Gegensatz zu unseren ehemaligen Mitstreitern, saßen wir einträchtig vor seinem Herman`s Zelt.

„Sag mal, ich habe beim Herlaufen vorhin eine Post gesehen. Meinst Du, wir können da vielleicht ein Paket aufgeben?" fragte Herman.

„Ich will das Tarp wegschicken, wenn ich jetzt das Zelt habe, brauche ich das Ding nicht mehr.

Oder willst Du es haben?"
Ich winkte ab, dankbar endlich weniger in meinem Rucksack zu haben. „Ich verzichte."
Also machten wir uns nach dem Essen auf den Weg zur nahe gelegenen Post. Nachdem wir uns in der Post orientiert hatten, begriff ich das Prinzip. Zuerst mussten wir ein Paket kaufen, welches wir dann mit Inhalt am Schalter abgeben konnten. Der Dialog zwischen mir und dem Postbeamten, der eine Art bayrisches Französisch sprach, lässt sich schwer authentisch wieder geben. Im Endeffekt rief er jedenfalls einen horrenden Preis auf, der den Gegenwert des Tarp bei weiten überstieg. Aber etwas stimmte bei der Sache nicht. Also hakte ich nochmals nach. Der gute Mann erklärte mir dann in seinem Französisch, dass Postsendungen nach Albanien nun einmal recht teuer wären. „Non! Allemagne!" „Package a L' Albanie?" Nun brüllte ich ihn jeden einzelnen Buchstaben betonend an. „Allemagne!" Endlich hatte er verstanden, was sich dann auch deutlich im neuen Preis bemerkbar machte.

Draußen vor der Post fragte mich Herman, wo denn nun eigentlich das Problem gewesen wäre. Leider hatte er nach meiner Erklärung den Verdacht mit einem Albaner verwechselt geworden zu sein. Herman machte auf dem Absatz kehrt, stürmte an allen vorbei und fragte lautstark den eingeschüchterten Mann, ob er ihn denn für einen „Albanie" gehalten habe. Im nachhinein mussten wir vermutlich dafür dankbar sein, nicht festgenommen geworden zu sein. Letztlich hatten wir mal wieder unseren Spaß gehabt. Auf dem Rückweg malten wir uns in allen Details aus, wie Käthe und Ute sich gegenseitig anzickend die Küstenstraße entlang zogen. Die beiden bildeten schon ein beeindruckendes Team. Wieder auf dem Platz, dachte ich mir, es wäre eine gute Idee, Herman dieses Mal von Anfang an, in die Strecke einzuweisen.

„Vor uns liegt die wahrscheinlich schwierigste Etappe der gesamten Strecke!" fing ich an. „Der Cole de Madamète befindet sich auf 2500 Meter und ist damit der höchste Punkt, den man überhaupt auf dem GR10 erreichen kann. Von Baréges aus müssen wir ein Stück die Landstrasse entlang, dann erreichen wir den Punkt, wo die Tour de France in Richtung Tourmalet ab biegt. Baréges ist quasi der Einstieg in diesen Höllenaufstieg." „Ach, die Tour fährt hier durch?" fragte Herman erstaunt nach."
„Ja ... Cauteret, wo wir vorher waren auch."
„Ach echt? Dolles Ding!"
„Die haben da sogar ein Denkmal für Fausto Coppi errichtet!"
„Ja, Fausto Coppi!" dehnte Herman jedes einzelne Wort.
„Du hast keine Ahnung wer das ist oder?"
„Äh, Nein!"
„Coppi war in den 50ziger Jahren ein legendärer italienischer Radprofi, der ewig den Stundenweltrekord gehalten hat und sehr lange der einzige Fahrer war, der die Tour und den Giro gewonnen hatte."

„Was Du so alles weißt!" Spottete Herman, meinte es aber nicht böse, das wusste ich.
„Ich bin mal Radrennen gefahren, der Typ war mein Idol. Ich fand an ihm spannend, wie er eigentlich schwer krank war, aber genau diese Krankheit ihn dazu befähigte diese Ausdauerleistung zu bringen."
„Lebt der noch?"
„Nein, er ist an Malaria gestorben."
„Ach echt, Malaria? Ist jetzt auch irgendwie blöd, als Radrennfahrer an Malaria zu sterben. Meine Vorbilder sind an Wodka gestorben." sinnierte Herman, während er uns mal wieder einen Rum eingoss.
„Wir haben ja oft im Trainingslager mit den Polen und den Russen zusammen trainiert, Du glaubst nicht, was die saufen konnten. Trotzdem waren die Russen am Ende schneller. Wir hatten im Zehn-

kampf ja diesen Kusnezow als Vorbild. Ein schönes Vieh. Drei Mal Europameister ... der Kerl war echt eine Hausnummer. Und was hat es ihm gebracht? Mit 69 ist er an Krebs gestorben. Prost!"
Herman machte es sich auf seiner Isomatte bequem. „Aber wenn Du mal Radrennen gefahren bist, dann verstehe ich nicht warum Du bei Eurem Sporttest immer so ein Gezeter veranstaltest." Er spielte auf den Sporttest an, der vor einigen Jahren als Ausschlusskriterium eingeführt wurde, welcher aus einem Zweitausendmeter Lauf und einem Hindernisparcours bestand.
„Das hat einen ganz einfachen Grund. Erstens habe ich noch nie einen Täter zu Tode gehetzt, zweitens habe ich alles falsch gemacht, wenn ich ihm hinterher rennen muss und last but not least, das kann doch nicht das Kriterium sein. Sie sind zwar nicht dazu in der Lage unauffällig auszusehen, sich eine Legende auszudenken, aber sie sind sportlich, also können sie bleiben. Die Vögel bei uns halten sich doch nicht fit, darum geht es ihnen doch gar nicht. Wenn ich mich fit halten will, gehe ich Laufen, Radfahren, Schwimmen oder sonst irgendetwas. Und das mache ich leise. Aber wenn die Vögel vom Laufen wieder kommen, ist immer ganz großes Kino angesagt. Alter ... heute habe ich 8000 km in einer Stunde geschafft! Dieser Schwanzvergleich ist doch so etwas von unnötig."
„Da ist was Wahres dran. Und der Witz ist ja auch der, hinterher rennen und einholen ist ja ganz nett, aber was machen sie denn, wenn sie ihn eingeholt haben? Eine Medaille umhängen?"
„Eben! Das ist einfach nicht unser Job."
Herman überlegte. „Ich habe gehört in anderen Bundesländern haben sie einen Sportmedizinischen Check eingeführt. Das wäre doch mal etwas."
„Wenn Du die Dienststelle entvölkern willst, dann ist das mit Sicherheit eine gute Lösung." Spottete ich über seinen Vorschlag.

Jedenfalls müssen wir ab dieser Abbiegung immer weiter nach oben zum Pass. Im Buch wird sogar empfohlen sich vorher nach dem Wetter zu erkundigen."

„Wo macht man das?"

„Das steht da nicht!. Auf jeden Fall werden wir eine Übernachtung in der Wildnis haben. Ausreichend versorgen ist angesagt."

Wie sich später heraus stellen sollte, war der Rat, sich nach dem Wetter zu erkundigen, ein nicht ganz unwichtiger Hinweis. Jedoch habe ich ja bereits mehrfach erwähnt, wie unerfahren wir in vielen Bereichen waren.

Der Notabstieg - die Geschichte von Yves

Ein wahrhaft großer Mensch verliert nie die Einfachheit eines Kindes.
Konfuzius

Auf der Landstrasse herrschte reger Verkehr durch Hobbyradsportler aller Couleur. Vom Kaufhausrennrad bis hin zum sündhaft teuren Hightech-Rad war so ziemlich alles vertreten, was man sich vorstellen konnte. Der kurz hinter Barége noch ziemlich sanfte Anstieg hatte bereits dem einen oder anderen Sportler die Röte ins Gesicht getrieben. Ich fragte mich, wie sie jemals oben am Tourmalet ankommen wollten. Parallel dazu federten immer mal wieder Profis mit einer faszinierenden Leichtigkeit an diesen Fahrern vorbei. Auf der linken Seite passierten wir ein paar kleinere steinerne Schäferhütten, zu denen malerische Wiesen gehörten. Für uns endete die Straße mit einer scharfen Rechtskurve. Unser Aufstieg führte uns geradezu in das nicht erschlossene Gelände. Bevor wir die Straße verließen, konnten wir jedoch noch belustigt die Probleme anderer Leute mit Viehzeug beobachten.

Schon beim Herannahen hatten wir beobachtet, wie sich aus einer Herde eine Kuh verabschiedete und einsam die Straße querte. Da stand sie nun auf der anderen Straßenseite. Der Reiseführer verwies dort unter anderen auf das Areal eines Botanischen Garten, dies aber nur für jemanden, der Lust hat die Strecke nachzuvollziehen. Mit lauten Blöken forderte sie die anderen Kühe zum Seitenwechsel auf. Nun machte sich eine ganze Herde Kühe auf den Weg. Kühe sind bekannter Maßen recht gelassene Tiere. Sie haben es nicht eilig. In Folge dessen staute sich der Tross Radsportler über mehrere Meter, denn keiner hatte Lust von einem der Viecher auf die Hörner genommen zu werden. An Hermans Gesichtsausdruck konnte ich erkennen, wie sich hiermit die Scharte „Kuh auf Weg" langsam wieder schloss. Anfangs ging es dann durch Grasland stetig bergauf. Allmählich wechselte der Weg dann in eine schmale Schotterpiste, die wiederum immer steiniger wurde. Nach weiteren Kilometern ging der Weg dann nur noch über Felsen steil nach oben.

In Ermangelung von Markierungsmöglichkeiten wurden die charakteristischen rot-weißen Hinweise auf den GR10 immer seltener. Umsichtige Wanderer hatten aber an den entscheidenden Stellen Steinhaufen aufgeschichtet, die einem den richtigen Weg wiesen. Stunde um Stunde kämpften wir uns weiter nach oben. Auf der Schotterpiste hatten wir noch sporadisch andere Wanderer getroffen, in den Felsen waren wir am Ende alleine. Immer mehr dämmerte ich in eine Art Trance über. Ich dachte an meine Töchter, an die Probleme mit meiner Freundin, das letzte Gespräch mit meinen Eltern, da waren die Schulden, der Dienst, mein Fuß fing an zu schmerzen, eine alte Verletzung, weil ich vor lauter Wut mal gegen einen Schrank getreten hatte, warum tat ich so etwas, am liebsten wäre ich eigentlich in Berlin und würde ein wenig vögeln, was wollte meine Frau eigentlich von mir, ich hatte doch immer für alles gesorgt, Fuß vor Fuß, nicht nachdenken, atmen, das Brennen in den Oberschenkeln ignorieren, sollte ich vielleicht doch alles hinschmeißen, einfach gehen, wer wartete schon auf mich, weiter, weiter, nochmal das ganze Gewicht auf den einen Fuß legen, gut fest halten, die Stöcke einsetzen, nicht denken, so wie die Arme sich bewegen, so bewegen sich auch die Füße. So stiegen wir jeden Meter mühselig weiter in die Höhe. Plötzlich war es, als wenn man einen Kraterrand erreichen würde. Vor uns öffnete sich eine kleine malerische grüne Hochebene mit einigen Krüppelkiefern, durchzogen von einem Rinnsal, welches dann in einem kleineren See endete.

Wir befanden uns noch ein gutes Stück unterhalb des Madaméte, an einem Ausläufer der Gourg Rabas, aber in diesen Platz verliebten wir uns sofort. Sorge bereitete mir nur eine Art Nebelwand, die schon seit einer Stunde hinter uns den Berg herauf gezogen kam.

„Meinst Du, es könnte hier oben schlecht Wetter geben?" sorgte sich Herman. In diesem Augenblick hörten wir ein entferntes

Gewittergrollen, welches unsere Sorge verstärkte. Ich sah mich um und entdeckte fünf Pferde, die sich ebenfalls auf die Hochebene geflüchtet hatten.

„Ich gehe mal davon aus, die Pferde wissen was sie tun." Versuchte ich ihn zu beruhigen, auch wenn mir selbst nicht ganz wohl bei dem Gedanken war in einer Höhe über 2000 Meter ein Gewitter zu erleben. Es war schon spät geworden. Die untergehende Sonne tauchte unser Plateau schnell in ein Dämmerlicht. Dumm war auch, dass es sich die Pferde anders überlegten und einige Meter weiter zogen. Aber ich vertraute auf die Sicherheit des Plateaus.

Vorsorglich schloss ich meinen Biwaksack dieses Mal voll ständig und versuchte mit den Armen eine Schlafposition her zustellen, die es möglich machte, die Außenhülle von meinem Gesicht fern zu halten. Zwei Stunden später war das Gewitter dann da. Die grellen Blitze drangen durch die Hülle. Immer wieder wurde es durch das gleißende Licht hell in meinem Biwaksack. Ängstlich begann ich die Zeit zwischen den Blitzen und dem Donnern zu ermitteln. Mit einem Mal waren es unter 10 Sekunden, in zehn Minuten würde es uns erreicht haben. Als es dann da war, ging ein Sturzregen auf uns herab. Es ist schwer mein Gefühl zu beschreiben. Ich wähnte mich in Lebensgefahr, wusste aber auch, nun war es zu spät meine Lage zu ändern. Ein Einschlag in die Wiese und das war es dann. Ich konnte nur noch auf unsere Entscheidung bei der Auswahl unseres Platzes vertrauen. Noch mehr beängstigte mich das schrille Wiehern der Pferde. Nach und nach weichte mein Schutz auf. Als erstes spürte ich die Nässe an den Flanken herauf kriechen, wenigstens der Schlafsack schützte nach Oben hin noch.

Obwohl ich bereits zuvor in meinem Leben in Situationen gekommen bin, die lebensgefährlich waren, waren diese Minuten dort oben auf dem Plateau ein besonderes Erlebnis. In allen anderen Augenblicken meines Lebens hatte ich mindestens eine Option zum Handeln oder sie Situation trat so schnell ein, dass ich sie erst im später bewerten konnte. Diese Minuten waren anders, weil ich nichts tun

konnte, sondern einfach abwarten musste.
Als das Gewitter vorüber gezogen war, kam es für mich noch härter. Das stete Plattern auf der Hülle verebbte und wechselte in ein leises Rascheln über. Ich öffnete meinen Reißverschluss. Der Regen war in einen starken Schneefall übergegangen. An meinem Rucksack hatte ich einen Schlüsselanhänger mit Kompass und Thermometer befestigt. Sechs Grad unter Null zeigte er an.
Ich prüfte meine Kleidung, die ich mir zum Schlafen angezogen hatte. An mehreren Stellen kam durch die Nässe die Kälte durch. Mir war klar, ab jetzt musste ich ein Überlebensprogramm. Aus meinem Rucksack entnahm ich nahezu alle Sachen, die ich mir dann anzog. Dann weckte ich den friedlich schlafenden Herman in seinem Einmannzelt.
„Ist ja geil! Schnee!" War seine spontane Reaktion, als er den Kopf aus dem Zelt heraus streckte.
„Ja, Schnee und ich erfriere!" brüllte ich ihn empört an.
„Dann komm doch zu mir ins Zelt, hier ist warm!" Für einen Augenblick verschlug es mir die Sprache.
„Alles, wirklich alles wird passieren, aber das nicht!" Polterte ich wütend los. „Los packe Deine Sachen, ich mache einen Notabstieg, alle meine Klamotten sind nass, ich kann hier oben nicht stundenlang mit nassen Klamotten bleiben. Wenn es Morgen weiter regnet, wird es noch unangenehmer."

Herman knurrte vor sich hin. „Ist ja gut Kleiner, ich hab es ja verstanden. Rauch erst einmal eine." Langsam und bedächtig schälte er sich aus seinem Zelt heraus.
„Hier nimm eine von meinen Jacken, die wird Dir zwar zu groß sein, aber Du siehst ohnehin schon aus, wie ein Michelinmännchen."
Eine gute halbe Stunde später war dann Herman soweit. Noch weit vor Sonnenaufgang suchten wir im Schein unserer Taschenlampen den Weg durch die Felsen nach unten. Zu meiner Überraschung war dieses letztlich einfacher, als ich es mir vorgestellt hatte. In den frü-

hen Morgenstunden erreichten wir im Nieselregen wieder die Straße, von der aus wir ursprünglich in die Berge abgebogen waren.

Da standen wir nun. Sollten wir zum Campingplatz zurück kehren? Etwas unschlüssig liefen wir die Straße in Richtung Baràge zurück. Da fiel mir an einer der Hütten, die wir bereits aus der andren Richtung kommend gesehen hatten, ein „Zimmer Frei"- Schild auf. Ich machte Herman klar, dass ich es nach dieser Nacht gern mal mit einem festen Dach über dem Kopf probieren würde. Es war unwahrscheinlich meinen Schlafsack vor dem Abend trocken zu bekommen.

In der Schäferhütte entdeckte ich an einem Plastikgartentisch sitzend: Yves! Bei Yves handelte es sich um einen sehr einfach gekleideten korpulenten vierzigjährigen Mann, der da einfach an seinem Tisch saß. Ich fragte ihn, ob er denn tatsächlich ein Zimmer zu vermieten hätte, da zunächst nichts auf eine Herberge hindeutete. Yves, stellte sich höflich eben als jener vor, und bestätigte meine Frage. Ich sah mich ein wenig um in dem kleinen Haus. Vom Vorraum aus, gelangte man in einen Raum, der den Rest der Hütte aus machte. Innen konnte ich eine Stiege sehen, die offensichtlich zum Dachboden führte. Yves forderte mich auf nach oben zu folgen. Den Dachboden hatte er mit einem Sammelsurium von Möbelstücken voll gestellt, die alle ihrer Art nach, wenigstens auch als Bett taugten. Er hatte offensichtlich in Baràge eine Sammelaktion für Klappcouchgarnituren, alten Betten und Sofa organisiert. Umgerechnet rief er für eine Übernachtung 10 Euro auf. Das schräge Ambiente gefiel mir. Außerdem hatte ich wenige andere Optionen.

Das gesamte riesige Areal zwischen Fluss und Straße gehörte Yves. Wir entledigten uns unserer Rucksäcke, hingen die nassen Sachen auf und gingen erst einmal nach oben um etwas Schlaf nachzuholen. Ich entschied mich für eine Schlafcouch und war sofort weg. Herman legte sich in die andere Ecke des Dachbodens. Am frühen Nachmittag waren wir wieder wach und gesellten uns zu Yves, der immer noch an seinem Tisch saß. Er hatte Besuch von zwei ebenfalls sehr kräftigen

Bauern, die auch genauso aussahen, wie man sich Bauern in einer Bergregion vorstellt. Sie unterhielten sich in einer Sprache, die ich zuvor noch nie gehört hatte. Später lernte ich, es handelte sich um einen Dialekt des Gascogne, den in den Pyrenäen nur noch wenige Menschen sprechen. Auf dem Tisch stand eine Flasche Schnaps. In einer nicht sehr vertrauenerweckenden Kaffeekanne dampfte heißer Kaffee. Yves bot uns von beiden an.

Nach den ersten beiden Schnäpsen, immerhin kurz nach dem Aufstehen, verlor ich meine Hemmungen mit den drei Männern französisch zu sprechen. Ich erfuhr so die faszinierende Geschichte von Yves.

Die beiden anderen Männer waren, wie ich im Stillen schon erahnt hatte, die Brüder von Yves. Als jüngster Sohn hatte er beim Tod des Vaters, das kleinste Stück Land, nämlich die Weide an der Straße und die alte Schäferhütte geerbt. Versorgt wurde er von seiner alten Mutter, die eine kleine Wohnung im Dorf bewohnte. Vor Jahren hatte Yves seine Weide Touristen mit Campingmobilen zur Verfügung gestellt und auf diese Art und Weise ein paar Franc verdient. Dann habe dieses aber die Stadtverwaltung gestört, er wurde dazu aufgefordert Sanitäre Anlagen zu installieren. Außerdem sollte er für die Camper eine Grube zur Schmutzwasserentsorgung errichten.

Es war mehr als amüsant, die beiden Brüder an dieser Stelle seiner Erzählung zu beobachten, wie sie ob dieser unerhörten Forderung der Stadtverwaltung, den Kopf schüttelten. Ich verkniff mir, Ihnen zu erzählen, was sie in Deutschland alles erwartet hätte. Jedenfalls hatte Yves hierzu nun gar keine Lust und stellte die Vermietung schlicht ein. Daraufhin hatte er sich halt auf die „Zimmervermietung" an Wanderer beschränkt. Viele würden nicht kommen, aber das war ihm egal. Im Winter würde er als Hilfsarbeiter am Sessellift arbeiten, der sich zehn Minuten entfernt am Anstieg zum Tourmalet befinden würde. Oben, hier mit meinte er den Skizirkus am Pic du Midi, dem Ende der Passstraße, würde er nicht arbeiten, da ihm der Weg zu weit wäre. Meine Frage, ob sich denn nicht alle zwei Jahre, wenn der

Tross der Tour de France vorbei kommen würde, sich eine gute Gelegenheit bieten würde, an den zahlreichen Touristen Geld zu verdienen, führte bei den Brüdern erneut zu Kopfschütteln.

Ich setzte noch einmal nach. Ich fragte, ob er denn vielleicht in Zukunft vor hätte, ein Sanitätshaus auf die Weide zu stellen, denn immerhin wäre die Lage des Geländes nahezu eine Goldgrube. Seine Antwort war verstörend und faszinierend zugleich. Yves war die Verdienstmöglichkeit sehr wohl bewusst. Aber er könne jetzt spät aufstehen, sich die Berge ansehen, mit seinen Brüdern am Tisch sitzen, ab und wann mit einem verirrten Wanderer sprechen und sein Leben genießen. Was würde passieren, wenn er einen Campingplatz einrichten würde? Er müsse sich tagtäglich von Morgens bis Abends um die Probleme der Touristen kümmern. Die Toiletten müssten gesäubert werden, der Müll muss beseitigt werden, die schöne Weide würde leiden und er hätte keine Zeit mehr für die Berge. Warum dieses alles tun, wenn er doch schon alles wichtige habe? Ein buddhistischer Weiser in Gestalt eines übergewichtigen schmuddeligen Bergbewohners.

Herman hatte ich die ganze Zeit unser Gespräch simultan übersetzt. Und genauso wie mich, machten ihn die letzten Ausführungen sehr nachdenklich. Wir ließen die drei Brüder erst einmal alleine ihr Ding machen und kümmerten uns um unsere Ausrüstung. Als ich gerade damit beschäftigt war, den Zustand meines Schlafsacks zu prüfen, hörte ich aus dem Innern des Hauses Herman herzhaft lachen.

„Fackel! Komm mal her, schau Dir das an." Im ersten Augenblick konnte ich Herman nicht entdecken, als ich ihn dann aber sah, war mir klar, worüber er so lachen musste. Herman hatte sich auf die einzige vorhandene Toilette gesetzt. In dem Kabuff war es aber für Herman schlicht zu eng. Er konnte Tür nicht mehr schließen, notgedrungen ragten nun seine Knie aus dem Kabuff heraus.
„Jetzt habe ich Buddhismus verstanden." Prustete es aus ihm heraus.
„Buddhismus, ist wenn Du beim Kacken die Tür nicht zu bekommst!"

Später stellten wir zum Abend hin noch eine weitere Besonderheit fest. Yves hatte sich eine Dusche gebastelt. Da ihm aber offensichtlich das Geld für Fliesen gefehlt hatte, hatte er sich roher Holzpaneele beholfen, inwieweit diese Lösung von Dauer sein würde wollten wir uns beide nicht vorstellen.

„Alter, lass uns dem Typen ein Angebot machen. Er kann bis an sein Lebensende vor einem Berg sitzen und wir beide schmeißen den Laden hier. Ich lasse meinen Bruder her kommen, der baut uns ein Sanitätsgebäude, so was haben die hier in den Pyrenäen noch nicht gesehen. Aus der Buchte hier machen wir eine Sportsbar, wie hieß Dein Vogel noch einmal? Fausto Coppi? Herberge zum Coppi oder so! Alle zwei Jahre, wenn die Tour vorbei kommt, machen wir voll die Werbung und im Winter Kaminparties. Wir werden Millionäre!"

„Netter Traum, Herman, aber ich glaube nicht an Deine Überzeugungskraft in seinem Fall.

„Träumen kann man ja mal. Wo ist der eigentlich?" Trotz aller Suche konnten wir unseren Wirt bis in die späten Abendstunden nicht finden. Wir suchten alleine unsere „Betten" auf. Tief in der Nacht hörten wir dann ein ziemliches Getöse aus der Küche heraus. Yves hatte offensichtlich heftig gefeiert und suchte nun unter Wirkung des selbstgebrannten Schnaps sein Bett.

Höher geht's nicht

„Am Ziele deiner Wünsche wirst du jedenfalls eines vermissen: dein Wandern zum Ziel."

Marie von Eber-Eschenbach

Da wir dieses Mal wussten, was uns erwarten würde, brachen wir noch vor Sonnenaufgang auf. Yves überließen wir seinem Schicksal. Ich schrieb ihm noch einen Brief und wir hinterließen ihm deutlich mehr Geld, als er von uns gefordert hatte. Auch wenn ich mich immer noch für den Radsport interessiere, sehe ich mir nur noch selten die Etappen der Tour de France an, aber in jedem Jahr, in dem die Tour über den Tourmalet geht, lasse ich mir den Zeitpunkt nicht entgehen, wenn das Peloton Baréges passiert. Gespannt warte ich dann immer, ob die Kamera zufällig die kleine Schäferhütte einfängt.

Das Wetter hatte etwas aufgeklärt. Dieses Mal konnten wir ohne Probleme unseren ehemaligen Schlafplatz passieren. Dahinter folgten die Lac de Madaméte, eine fantastische Wasserlandschaft im Hochgebirge, die uns für alle Strapazen bis zu diesem Punkt vollkommen entschädigte. Kleine Rinnsale erweiterten sich zu größeren Wasserflächen, mündeten wieder in viele kleine Wasserverbindungen. Die Landschaft wirkte auf mich, als wenn sich ein Gartengestalter für viel Geld seine Gedanken gemacht hatte. Nicht erklären konnten wir uns eine Gruppe Japaner, die sich ebenfalls in diesem Gebiet herum trieb. Es lag aber die Vermutung nahe, dass sie von irgendeinen Hotel aus aufgestiegen waren. Aber gerade diese Japaner passten perfekt in die Landschaft hinein.

Der Weg hatte an dieser Stelle wenig Aufstieg. Wir sammelten für den nächsten Aufstieg Kräfte. So konnten wir endlich den 2500 Meter hoch gelegenen Col de Madaméte überwinden. Die höchste Stelle des GR10 und damit auch unserer Wanderung. Was für ein erhebendes Gefühl, nach den Ereignissen und Emotionen des zurückliegenden Tages diesen Punkt zu erreichen. Und wie ernüchternd, auf dieser Höhe wieder auf Pferde und einen Esel zu treffen. Es stellte sich wieder das bekannte Mohrrübenproblem ein. Es kostete mich erneut einige Anstrengungen einen halbwüchsigen Hengst vom Unterschied zwischen einer leckeren Mohrrübe und einer Isomatte zu überzeugen. Sollten Sie geschätzter Leser eventuell Pferdeflüsterer sein, wäre ich für eine Strategie im Falle einer weiteren Wanderung sehr dankbar.

Das Ende dieser Etappe sollte dann der Lac D`Aumar sein. Den wir auch unbeschadet nach einem sehr schönen Abstieg erreichten. Noch deutlich über 2000 Meter hoch, waren die Temperaturen entsprechend niedrig, aber dieses Mal regnete es nicht und seit langer Zeit konnten wir uns mal wieder ein kleines Feuer leisten. Als wir am See eintrafen, befanden sich noch einige Touristen am See, die aber schnell verschwanden, da sie den Rückweg zu ihren Hotels antreten mussten. Nicht all zu lange nach unserer Ankunft hatten wir den See für uns alleine.„Hast Du eigentlich mal wieder Kontakt zu den anderen gehabt?"
„Nein, ich habe die ganze Zeit keinen Empfang gehabt, hier auch nicht, aber es wird schon alles in Ordnung sein! Mal was ganz anderes, was hat Dir eigentlich Kalle noch von seiner Wanderung erzählt?" „Eigentlich nicht viel, aber ich glaube auch deshalb, weil niemand wirklich mal richtig gefragt hat. Vielleicht ist es aber schwierig, von so etwas zu erzählen. Ich meine, nimm doch mal uns beide hier.
Vieles ist einfach die Situation, wie will man das wieder geben. Ich weiß nur, eigentlich wollte ihn ja ursprünglich Zottel begleiten. Der ist dann bis zu den Alpen gekommen. Aber Zottel hat dann Heimweh nach seinen Söhnen bekommen und er hat dann abgebrochen. In den Alpen wurde er dann ein Stück von Donny begleitet.

Sie haben dann wohl auch ein paar Kletter steige zusammen gemacht, danach ist er wieder alleine los gelaufen."
„Verrückter Hund!"
„Das ist er wahrlich. Ich habe mal ein paar Nächte in einem Hotel mit ihm verbracht. Er hatte einen schweren Motorradunfall. Als sie die Karre sichergestellt haben, sollen sie wohl zwei serienmäßige Teile gefunden haben, der Rest war Rennausstattung. Jedenfalls stand er kurz vor einer Beinamputation. Er schwor sich damals , wenn sein Bein dran bleibt, wird er sich immer an dieses Geschenk erinnern. Seit dem läuft er Marathon, Triathlon, Triple Triathlon und eben nach Venedig!"
„Und Fackel, hast Du Heimweh? Ich meine zu Deinen Töchtern? Nach Berlin?"
„Ehrlich? Nein, eigentlich nicht. Bei mir ist alles kaputt gegangen bei der Trennung. Meine Ex-Frau zieht bei den Kindern ihr Ding durch und da bin ich nur als Geldgeber vorgesehen. Ich bin da so etwas wie das personifizierte Böse, Darth Vader für arme Leute. Meine ehemalige Schwiegermutter hat mir nicht einmal mehr die Hand gegeben."

„Menschen sind komisch!" seufzte Herman. „Ich meine, es ist doch gar nicht so schwer. Man kann sich doch immer noch mit Respekt beegegnen."
„Was ist mit Dir Herman? Du hast einen Sohn, demnächst eine Tochter, wenn ich es richtig verstanden habe."
„Die wird mich niemals kennenlernen, dafür werde ich sorgen. Ich wollte dieses Kind nicht."
„Daran glaube ich nicht, irgendwann wirst Du Kontakt aufnehmen, oder sie wird Kontakt mit Dir aufnehmen." Herman reagierte nicht, offensichtlich war er fest entschlossen, dieses Kind zu ignorieren.

Ich versuchte das Thema zu wechseln. „Ich denke immer noch an Yves. Da sitzt dieser Kerl auf einer Goldgrube und verzichtet einfach. Irgendwie ist das faszinierend. Vielleicht hat er Recht? Ich meine, was machen wir beide denn? Als ich noch in der Sachbearbeitung war, habe ich immer so ermittelt, als wenn ich die Kriminalität bekämpfen könnte. Als wenn Morgen die Welt eine vollkommen andere wäre. Alleine das Wort „Bekämpfen" ist doch schon Schwachsinn. Im günstigsten Falle nimmst Du einen aus dem Rennen. Und dann? Irgendwann kommt der wie der raus und macht weiter. Was soll er denn auch anderes tun? Er hat doch nichts anderes gelernt. Warum machen wir nicht einfach den Yves. Wir machen einfach ein wenig und danach schauen wir uns den Berg an, reicht doch auch."

Herman schaute mich an und grinste ein wenig belustigt.„Hast Du heute Deinen philosophischen Abend?"
„Arsch! Du kannst mir eins Glauben, als ich da oben im Schlafsack gelegen habe, ist mir so einiges durch den Kopf gegangen."
„Ich hatte auch eine Heidenangst."
„Ach echt, das habe ich aber gar nicht bemerkt!" „Doch! Vor Deinem Vorhaben mit deinen hässlichen Körper in mein Zelt zu krabbeln und ich Dich trösten muss, auch keine schöne Vorstellung." Da war er wieder, der tiefsinnige Herman, der sich jeden Tag über den Fortbestand der Welt seine Gedanken machte.
„So wie ich Dich kenne, hast Du schon mit schlimmeren Körpern die Nacht verbracht, Du Bock!" Herman lachte laut „Geht doch mit Dir! Was meinst Du Fackel, wie lange wollen wir noch laufen?"
„Ich weiß nicht, von den Tagen her haben wir noch Platz ohne Ende. Ich finde wir sollten das Wetter abwarten, wenn es wieder an fängt zu regnen, machen wir die Fliege."
„Und dann?"
„Was und dann? Bus, Zug, Paris und ab nach Hause!" „Ich will noch nicht nach Hause, keinen Bock auf diesen Mist."
„Noch ein wenig in den Süden? Bietet sich ja irgendwie an, wenn wir schon mal da sind."
Herman lehnte sich zurück, streckte die Füße in Richtung des Feuers und verschränkte die Arme hinter den Kopf.

Der Gedanke schien ihm zu gefallen. „Und wohin?"
„Ich kann Dir meine Lieblingsstadt in Südfrankreich anbieten. Avi-

gnon! Da ist warm, Mädels, ein wenig Spaß haben und noch etwas relaxen." Ich ahnte, ab jetzt war Gift in unseren Knochen. Einmal ausgesprochen, waberte der Gedanke an einen Pool, Sonne und kalte Getränke bei jedem weiteren Schritt durch unser Gehirn.

„Hey Sonny, was machst Du jetzt, wo alles vorbei ist? Ich fahr dahin wo die Drinks kalt und die Girls heiß sind!"
„Hä?"
„Kennst Du nicht mehr was? Ach ja, da stand ja die Mauer noch! Ein weißer Ferrari, zwei Typen in teuren maßgeschneiderten Klamotten ... Miami Vice letzte Szene."
„Ja, nein, ist klar. Wir hatten ja nichts. Kein Fernsehen, nur Super 8 Filme aus Russland. Erzähl mir etwas aus dem Westen Kleiner." Giftete Herman zurück.
„Sei zufrieden, dass ich Dich damals nicht besucht habe!"
„Hey, wir hätten Euch gestoppt! Ich mit der mit der MP L in der Hand, gegen die NVA und die Russischen Horden." Herman musste husten, da er sich an seinem Drink verschluckt hatte.
„Ganz sicher hättest Du das!"
„Du wirst es nicht glauben, wir hatten tatsächlich so ein paar Idioten bei uns, die das geglaubt haben. Ich hatte einen bei mir auf der Fachhochschule, der ist später mal mein Chef gewesen. Der Typ hatte die totale Bundeswehrmacke. In der Ausbildung sollten wir lernen, wie man verschiedene Schießpositionen ein nimmt. Da brüllt dieser beknackte Ausbilder: Anschlag liegend! Da war aber eine Pfütze, also habe ich einen Schritt daneben gemacht und mich ins Trockene gelegt. Jahre später sitze ich dann in einer Kneipe neben diesem Spinner aus der Schule. Der Typ erklärt mir allen ernstes, ich hätte das noch nie verstanden. Nur wer Befehle empfangen kann, kann auch Befehle geben. Wir wären Kombattanten gewesen und hätten die erste Verteidigungswelle stellen müssen." „Spinner, mit Euch hätte sich doch gar keiner auseinander gesetzt, da wären die einfach drum herum gelaufen, Ende!"

„Das war dann der gleiche Typ, der auf die Idee gekommen ist, wir müssten mal eine Tränengasausbildung mit dem Team machen, man könne ja nie wissen, und vor allem würde das den Teamgeist stärken." Ich fasste mir vor den Kopf. „Also wurden Gasmasken besorgt. Wir fahren also zum Übungsgelände. Was soll ich Dir sagen? Der Kerl hat tatsächlich versucht mir zu verklickern, er würde die Übung mit den Leuten machen, die an Klaustrophobie leiden, deshalb würden sie in den Parcours zwar mit Maske aber ohne Gas einsteigen. Ich hab ihn nur noch fassungslos angesehen. Erst auf dicke Hose machen und dann so etwas. Aber was soll ich Dir sagen, er hat eine riesige Rakete im Hintern und steigt immer weiter auf."
„Das der Osten und der Westen sich nicht sonderlich unterscheiden, hatten wir doch schon geklärt Fackel! Wenn Honni das noch alles erleben könnte, er wäre so etwas von glücklich."
„Das Schlimme ist ja nur, solche Typen rennen jetzt mit einem Dauerständer in der Gegend herum. Endlich können sie Vollgas geben. Terror! Amok! Waffen, Helme, G3, Schilder ... endlich in den Krieg ziehen. Mit Polizei hat das nur nichts mehr zu tun. Die begreifen einfach nicht. Da gibt es andere, die können das besser als wir. Wenn dann sollen sie das SEK ins Rennen schicken, aber mit Sicherheit nicht unseren Kindervolkssturm. Ich finde es immer geil, wenn es darum geht in eine Wohnung zu stürmen."
„Warum? Ich kann doch warten, irgendwann kommt der schon wieder heraus. Dann kommt immer das Beispiel von dem Dealer, der den Stoff in der Toilette herunter spült. Wie muss ich mir das vorstellen? Ich Hassan gebe Ali ein Kilo Koks. Ali sitzt zu Hause und es klingelt an der Tür. Was macht Ali? Er spült das Kilo in der Toilette herunter. Na da klingel ich doch einfach mal pro Woche dreimal an der Tür. Das Problem Ali dürfte sich mittels einer postmortalen Dampferfahrt auf der Spree erübrigen und der Stoff ist auch weg."
„Genau so sieht es aus mein Freund! Genau so sieht es aus! Du hast es erkannt."
Das Rollen der Augen Augen zeigte mir an, wie Herman seinen Spaß hatte. Ihm gefiel die Vorstellung, den einen oder anderen Klingel-

streich in Berlin - Neukölln zu machen.

„Also Avignon?"

„Ja, aber ein paar Kilometer machen wir noch, oder?" „Auf jeden Fall, ich bin noch nicht fertig mit den Pyrenäen, Hauptsache das Wetter wird wieder besser. Kalt ist OK, aber Regen brauche ich nicht auf Dauer. Davon habe ich in Berlin noch genug, und am Ende noch ein wenig ausspannen für die Knochen ist OK."

Ich konnte ihm da nur zustimmen, außerdem verband ich mit Avignon sehr viel angenehme Erinnerungen in meinem Leben. Seit meinem fünfzehnten Lebensjahr hatte mich die kleine südfranzösische Stadt in ihren Bann gezogen. In unregelmäßigen Abständen kehrte ich immer wieder zurück. Ich freute mich darauf, gerade mit Herman diese Stadt wieder einmal neu zu erleben. Das Gift kroch langsam aber beständig in meinen Kopf, ich gab uns noch zwei Etappen, aber das hatte seine Richtigkeit. Ein wenig fühlte es sich an, wie aus dem Theater zu kommen und danach mit den Freunden noch ein Glas Wein zu trinken, bevor man auseinander ging.

Wir ließen das Feuer niederbrennen und schütteten zur Sicherheit Sand auf die Feuerstelle. Ich hatte mir einen Platz unter einem Baum gesucht, der im Zweifel eine Menge Regen ab halten würde. Herman hatte sein Zelt nahe am Ufer aufgestellt. Es ergab sich ein malerisches Bild, welches für jede Werbeaufnahme perfekt gewesen wäre.

Am Ende ...

"Ich finde schon Gehen eine unnatürliche Bewegungsart, Tiere laufen, aber der Mensch sollte reiten oder fahren."
Gottfried Benn

Eigentlich erwartete uns eine relativ kurze Etappe, wenn da nicht dieses hässliche Geröllfeld gewesen wäre. Über Stunden kämpften wir uns über ein riesiges Feld von Felsbrocken. Die Markierungen waren spärlich und sehr zum Entsetzen von Herman, fiel sein GPS aus. Es kam der Punkt, an dem nichts mehr ging. Herman stand innerhalb der Felsen und schimpfte. „Alter, wir haben uns verlaufen! Hier sind keine Hinweise, gar nichts. So ein Dreck, wir stehen hier in der Walachei und schinden uns den letzten Tropfen aus dem Körper. Schau gefälligst in Deine Karte!" Hierbei blickte er verzweifelt nach oben. Mal unabhängig davon, dass oben klar ein Pass zu erkennen war, entging ihm etwas viel Wichtigeres in seinem Rücken.

„Pardon! Mister!" Herman drehte sich um. Schlagartig zeigte sich das nackte Entsetzen in seinem Gesicht. Hinter ihm stand eine freundlich lächelnde Asiatin, die ihm vielleicht bis zur Brust reichte. Am bemerkenswertesten an ihr, war ein kleiner bunter Sonnenschirm, den sie in der Hand hielt. Einige Meter hinter ihr folgte ein europäisch aussehender Mann im Alter von sechzig Jahren. Aus Herman entfleuchte jegliche Spannkraft, er ließ die Frau passieren. Demoralisiert setzte er sich auf einen der zahlreich vorhandenen Felsen. Ich selbst hatte mich schon kurz zuvor hingesetzt. Ich verbarg mein Gesicht in meinen Händen und wieherte in mich hinein. Dieser Anblick war einfach zu schön.

Doch wenn ich gedacht hatte, es könnte für Herman nicht mehr schlimmer kommen, hatte ich mich geirrt. Vom Pass aus, den ich bereits ausgemacht hatte, näherte sich ein schnell größer werdender

Punkt. Der Punkt entpuppte sich zügig als ein spärlich mit einer kurzen dünnen Sporthose und Hemd bekleideten Läufer. Mit einer rasanten Geschwindigkeit sprang er von Felsen zu Felsen. Das reichte dann auch mir. Wir sammelten unsere letzten Energien und stiegen erhobenen Hauptes den Weg bis zum Pass empor. Oben angekommen konnten wir endlich auf den Lac de L' Oule herunter sehen. Ich denke wir wussten beide, unsere Wanderung durch die Pyrenäen hatte ihr Ende erreicht. Ab jetzt würden wir jeden Schritt als einen kleinen Abschied betrachten. Am Ende waren wir etwa 170 km durch das Gebirge gelaufen und hatten dabei jede Menge Höhenmeter bewältigt. Es war schlicht vorbei.

Der See bot uns noch einmal eine wunderschöne Kulisse. Auch wenn es nur 10 Grad über Null waren, eine für August nicht gerade angenehme Temperatur, waren wir glücklich. Wir bereuten nachträglich keinen einzigen Schritt.

Wir setzten uns mit unseren Rucksäcken ans Ufer und schauten auf den spiegelglatten See. „Sind wir uns einig Herman?"
„Fackel, das war ein echt geiler Trip, aber Du hast Recht, jetzt freue ich mich auf einen Pool und Wärme. Ans Meer will ich nicht, zu viele Pauschaltouristen würden mir jetzt auf den Zünder gehen. Da ist jetzt warm in deinem Avignon?"
„Sehr warm! Warm und jede Menge Backpacker. Wir heben da vielleicht ein wenig den Altersdurchschnitt, aber sonst passen wir da auf je den Fall hin."
„Und wie kommen wir da jetzt hin?"
„Laut Karte sind es von hier bis zum nächsten Ort 17 km auf der Landstrasse. Machbar in fünf Stunden. Dann nehmen wir uns dort einen Bus und fahren bis zur nächsten Bahnstation. Nächster Halt Provence." „Ich denke Avignon?"
„Avignon liegt in der Provence!"
„Ach so!" Mit unseren Tickets können wir noch an zwei Tagen Bahn fahren, egal welchen Zug."

Viel sprachen wir an diesem Tag nicht mehr. Aber wir konnten endlich wieder einen Kontakt zu unseren Freunden herstellen. Sie hatten es sich an der Côte D' Azur ein Hotelzimmer in Nizza genommen und genossen dort das Leben. Herman berichtete kurz von unseren Erlebnissen, wobei die kleine Asiatin immer kleiner wurde und der Berg immer steiler. Er teilte den beiden auch das Ende mit.

Der genaue Wortlaut war: "Fackel kann nicht mehr und ich glaube, er hat in den 80ziger Jahren dort ein paar Kinder gezeugt, jetzt will er mal nach sehen, was aus ihnen geworden ist." Ich ließ ihn spotten und freute mich über seine gute Laune.

Am Morgen schulterten wir in unserer Vorstellung das letzte Mal die Rucksäcke. Noch einmal Landstrasse! So stiefelten wir hintereinander die Landstraße in Richtung Saint-Lary-Soulan entlang. Noch ein gutes Stück vor der Stadt entdeckten wir einen offenen Campingplatz. Ende! Ohne uns abzusprechen blieben wir stehen. Keinen Schritt mehr weiter. Es war mehr ein Abwerfen der Rucksäcke, als das wir sie hin stellten.
„So!" sagte Herman. „Lass uns eine Rauchen, die letzte Zigarette als Wanderer!"
Während ich meine Zigarette rauchte, entdeckte ich gegenüber des Campingplatzes eine Bushaltestelle. Nachdem ich den Plan studiert hatte ging ich zu Herman zurück.
„Der Bus fährt hier zweimal am Tag. Einmal ganz früh um 07:00 Uhr und dann noch einmal Mittags. Wenn wir den ganz früh nehmen, kommen wir bis in die Stadt, müssen dann wahrscheinlich noch einmal umsteigen und fahren dann weiter bis Tarbes. Von dort aus können wir dann mit dem Zug weiter fahren."
„Wir haben einen Plan! Dann lass uns auf den Platz gehen."
In dieser abgelegenen Gegend gab es keinerlei Schwierigkeiten einen freien Platz zu bekommen. Ein paar Meter neben uns hatte sich eine wilde Gesellschaft von französischen Pseudo-Hippies platziert, die eine Art Basis-Camp errichtet hatten. An ihren Schnüren und Zelt-

stangen hatten sie tibetische Flaggen und die bunte Fahne der Buddhisten gehängt.

Uns beide zog es erst einmal in das Verwaltungsgebäude, in dem sich ein gemütliches kleines Restaurant befand.

„Fackel, komm mal her, den Burschen musst Du gesehen haben." Vor der Tür bot sich mir allerdings ein Schauspiel, was ich so noch nicht gesehen hatte. Vor einem Strauch, der von Bienen und Wespen umschwirrt wurde, saß ein grauer Jagdhund. Mit einer nahezu unglaublichen Geschicklichkeit schnappte er sich ein Insekt nach dem anderen und verspeiste sie. „Hat man so etwas schon einmal gesehen? Ein Jagdhund der sich von Wespen er nährt." staunte Herman.

Nachdem wir uns jeder mit mehreren Dosen Bier eingedeckt hatten, machten wir uns wieder auf den Weg zu unserem Platz. Als wir dort bereits einige Zeit auf unseren Matten herum lagen, kam einer der „Hippies" zu uns herüber. Herman musterte ihn skeptisch. Seinem Blick nach mochte er den Typen nicht sonderlich.

„Fackel, der ist komisch. Das sind andere Menschen, lass Dich nicht voll quatschen. Hey, gib ihm bloß kein Bier."

Der Typ hatte ein Buch über Bergtouren in den Pyrenäen dabei. Stolz zeigte er mir seinen Namen auf dem Cover. Er hatte dieses Buch geschrieben. Es brauchte eine ganze Weile, bis ich begriff, wie der Kerl mir sein Buch aufschwatzen wollte.

„Siehste!" frohlockte Herman. „Ein Schnorrer! Hab ich es doch gewusst."

Der „Schnorrer", wie Herman ihn titulierte, trollte sich frustriert wieder.

„Alter, wenn der ein Buch schreiben kann, können wir das schon lange. Wir kiffen nicht nur und klettern ein wenig am Felsen herum, soviel steht mal fest."

„Ach Herman, heute schreibt jeder ein Buch. Damit gewinnen wir auch keinen Blumentopf mehr. Eine Bekannte hat mal zu mir gesagt, wenn Du jemals ein Buch schreiben solltest, dann bitte nichts über

frustrierte Bullen, davon gibt es schon genug."
„Wir sind nicht frustriert, wir sind desillusioniert!
 Ich weiß nicht, ich meine wenn wir mal so richtig auspacken, das wär`s doch, es interessiert bestimmt jemanden."
„Ja Herman, Du machst aber einen Gedankenfehler. Du hast immer einen sehr schmalen Grad zwischen Geheimnisverrat und dem was Du schreiben darfst. Ich kannte mal einen Personenschützer, der hat zu mir gesagt, wenn ich über meine Schutzperson auspacke, dann bin ich für eine Woche im SPIEGEL auf Platz 1 und danach völlig verarmt und penne unter der Brücke. Nimm doch mal diesen Typen aus der Schweiz. Der hat das Buch „Deckname Tato" geschrieben. Der hat die Schweizer mit seinem Buch über verdeckte Ermittlungen in die Steinzeit zurück gebombt."
„Kenne ich nicht, musst Du mir mal ausleihen." Forderte Herman.

„Oder denke an den Vogel der „Target – Zielscheibe Mensch geschrieben hat. Na der hat uns aber einen Gefallen getan."
Jetzt war Herman wieder im Spiel. „Das habe ich gelesen, der hat wirklich eine ganze Menge zuviel geschrieben. Aber ist doch alles egal mittler Weile. Du brauchst doch nur den Fernseher anmachen. Unsere Reporter decken auf! Da haben irgendwelche Pressefritzen die Observationseinheit vom Zoll begleitet, da blieb dann auch nichts mehr offen. Unverantwortlich so etwas. Aber ich meine das anders, so über die Menschen dahinter, weißt Du?"
„Der Mensch dahinter? Herman, hier ist doch gerade das Problem. Ich habe das nicht einmal gegenüber meiner Ehefrau hin bekommen. Ich werde nie vergessen, wie sie mich mal Morgens gefragt hat: Und was war bei Dir so los? Ich damals aus einer Nachtschicht bei der Sofortbearbeitung. Nichts Besonderes zwei Leichen, eine Vergewaltigung und eine Kindesmisshandlung. Sie fand das zwar eine merkwürdige Auflistung, was ich da aber gerade gesagt hatte, kam bei ihr nicht an, wie denn auch? Hätte sie eine Vorstellung davon entwickeln können, was es bedeutet, wenn im Leichenbericht steht, das alle na-

türlichen Körperöffnungen frei von Fremdkörpern waren? Dann muss ja theoretisch jemand mal nachgesehen haben, aber ich denke, jenes verdrängt man als Lebenspartner. Könnte sie verstehen, wie man nach drei Frauenleichen keinen Bock mehr auf eine Frau hat, auch wenn sie noch Puls hat?" Ich schüttelte heftig den Kopf. Einen Augenblick schwiegen wir beide.
„Nein, Herman, ich glaube nicht daran. Keiner interessiert sich wirklich dafür."
Herman war weniger pessimistisch als ich. „Ich glaube schon. Weißt Du, irgendwie merken die Menschen, wenn sie verarscht werden. Ich meine wer glaubt denn diesen Scheiß im Fernsehen, so dämlich kann man doch gar nicht sein."
„Und? Was willst Du hinein schreiben? Wie Du jeden Morgen aufstehst mit dem gleichen Gedanken? Wieder das alte Spiel! Du wirst wieder einen aus den Rennen nehmen. Der Richter wird dem Rechtsanwalt glauben und nicht Dir. Das wir nur die kleinen Wichser einfangen? Das die Großen aus Kostengründen machen können, was sie wollen. Das wir ihnen die absolute Sicherheit nicht bieten können? Glaubst Du wirklich Karl-Arsch interessiert sich dafür?"
„Mann Fackel, Du bist echt durch! Pass auf Dich auf Kleiner. Es ist nicht gut so negativ zu sein."

Ich schaute mich um und versuchte heraus zu bekommen, ob der Kiosk noch offen hatte. Wir hatten beim Reden nach und nach unsere Biervorräte aufgebraucht. Herman untersuchte daraufhin nochmals seinen Rucksack. Mit einem unterdrückten Schrei der Verzückung zauberte er eine kleine Reserveflasche Rum hervor. Mit dem Kocher fabrizierten wir uns einen letzten Grog auf der Wanderung. Dieser erzielte auch die gewünschte Wirkung. Beide schliefen wir angenehm benebelt ein.

Am Morgen packten wir zügig unsere Habseligkeiten und stellten uns pünktlich an die Bushaltestelle. Leider kam aber kein Bus. Nach zwanzig Minuten dämmerte mir etwas. Es konnte sich nicht mehr um die Unzuverlässigkeit eines Dorfbusses handeln. Ich studierte nochmals den Plan. Jetzt entdeckte ich eine Kleinigkeit, bei der ich nicht so genau wusste, wie ich sie Herman beibringen sollte. Ganz oben stand: Horaires d'hiver, mit anderen Worten, wir standen im Sommer an einer Skibus Haltestelle. Nachdem ich diesen Umstand Herman erklärt hatte, stellte dieser spontan das Reden ein. Wortlos warf er sich den Rucksack auf den Rücken. Steifbeinig stiefelte er die Landstrasse hinunter. Himmel war der Rucksack plötzlich schwer, in der Nacht mussten Steine hinein gefallen sein.

Avignon

Man kann in der Provence die Kunstdenkmäler systematisch untersuchen, auf Stilreinheit, Baualter und Grundriß; man kann den Olivenhandel statistisch und tabellarisch darstellen, dass es nur so saust vor Zahlen - man kann aber auch in diesem wunderschönen Lande spazierengehen.

Kurt Tucholsky

Ich weiß nicht mehr, wann Herman wieder mit mir sprach, aber er brauchte so seine Zeit. Wir hatten dann doch noch einen Bus gefunden und machten uns auf dem Weg nach Avignon.

Kennengelernt hatte ich Avignon erstmalig mit fünfzehn Jahren. Ich nahm an einer Jugendreise teil, auf der ich mit Abstand der Jüngste war. Ich landete mit drei anderen Burschen auf einem Zimmer, die entweder bereits volljährig waren oder mindestens kurz davor waren. Es lässt sich denken, wie jene nicht gerade begeistert waren, einen fünfzehnjährigen Bengel auf ihrem Zimmer zu haben. Untereinander hatten sie sich wegen der Zeiten mit den Mädels auf Zimmer schnell geeinigt, aber wie nun mit mir verfahren. Ich im Gegenzuge peilte die Lage recht zügig. Ich handelte einen Deal aus, ich hielt mich an die Zeiten und sie schleusten mich abends mit raus in die Stadt. Außerdem verschafften mir die Legende eines angeblich Volljährigen. So machte ich denn auch schnell meine eigenen Erfahrungen. Als nächstes musste ich über eigene Zimmerzeiten verhandeln.

Zu dieser Zeit fanden in Avignon gerade die Kulturfestspiele statt. Die Stadt war bis zur Unterkante voll mit jungen Leuten aus ganz Europa, in jeder Seitenstraße spielte eine Band oder eine kleine Theatergruppe. Auf allen Treppen, bildeten sich Gruppen, wir tranken Wein, rauchten Dope und hatten Spaß. Meine Anette aus Lyon nahm mir meine Rolle zwar nicht so ganz ab, aber vielleicht fand sie gerade dies sehr spannend. Jedenfalls blieben seit her, Stadt und die Ereignisse dieses Sommers für immer in meiner Erinnerung. Das nächste Mal besuchte ich Avignon, ein Jahr nachdem ich bei der Polizei eingestellt geworden war. Begleitet wurde ich von meiner damaligen Freundin, einer mit einem Kollegen verheirateten Frau und einem befreundeten Pärchen. Auch diese Reise vergaß ich nie wieder, da ich versuchte mich mit einem Bauernschrank anzulegen. Vor lauter Wut trat ich gegen ihn und verlor selbstverständlich. Zu meinem Leidwesen wurde diese Verletzung chronisch und erinnert mich noch Heute an die damaligen Geschehnisse. Nochmals drei Jahre später zog es mich diesmal alleine nach Avignon. Fünf Wochen erkundete ich die Stadt, schlief unter der berühmten Brücke und vagabundierte durch die Stadt bis mir irgendwann das Geld ausging und ich den Weg nach Hause an trat. Das alles war für mich Avignon, eine Stadt, die mich immer wieder zu unterschiedlichen Zeitpunkten in meinem Leben anzog. Insofern war es nur ein Gesetz der Serie, wenn ich nach den Pyrenaen erneut dort landete.

Aus vorangegangener Zeit kannte ich den am Ende der Europabrücke liegenden Campingplatz. Trotz der späten Ankunftszeit mussten wir also nicht lange suchen. Der Campingplatz war eine etwas andere Kategorie, als die kleinen verschlafenen Plätze in den Pyrenaen. Ein riesiger Platz mit mehreren Waschhäusern, diversen Kiosken und einem sehr großen Haupthaus. Und er war bewacht. Am Eingang stand ein sehr muskulöser grimmig drein schauender Schwarzer, der uns von oben bis unten musterte. Sein Interesse galt aber weniger mir, als dem etwas zurück versetzt wartenden Herman. „Vous ētes par l' armée ou par la police special?" Fragte er mit einer sehr tiefen Stimme, eben genau die Tonlage, die man von so einem Typen erwartete. Hatten wir eine Tätowierung auf der Stirn? Ich nahm das zum Anlass mir Herman noch einmal näher anzuschauen. Obwohl bereits die Dunkelheit eingebrochen war, trug Herman seine Oakley

Sonnenbrille und auf dem Kopf seinen Schlapphut. Der monströse Rucksack im Desertstorm Tarnlook, das Safarihemd und die betont selbstbewusste Körperhaltung rundeten das Bild ab. „Äh, Oui!" Ich hatte beschlossen den Eindruck auszunutzen. Der Kerl machte einen vertrauenswürdigen wissenden Gesichtsausdruck und begleitete uns zu einer freien Stelle, wo wir unser Nachtlager aufschlagen könne. Mehrfach versicherte er uns, dass wir uns bei Schwierigkeiten auch in den Nachtstunden bei ihm melden könnten, zusätzlich bekundete er seinen Respekt, denn seiner Auffassung nach, mussten Polizisten, die aus Deutschland kamen und seine Sprache sprachen, etwas ganz Besonderes sein. Herman fragte mich erstaunt, was ich denn die ganze Zeit mit dem Mann zu bereden gehabt hätte. Ich antwortete ihm immer noch etwas überfordert. „Das willst Du nicht wissen. Aber vertrau mir, heute Nacht wird Dir mit Sicherheit nichts passieren." Herman war aber ohnehin durch das optisch ansprechende Angebot auf den Nachbarplätzen abgelenkt. Für Herman war die Welt wenigstens in diesem Augenblick wieder in Ordnung. Auch das Wetter stimmte, die Temperatur hatte sich gerade einmal auf 28 Grad abgesenkt, eigentlich eine Spur zu warm, aber wir waren nach den kalten Nächten dankbar.

„Was ist? Ziehen wir noch einmal los? Irgendeine Pinte mit einem Bier wird sich ja wohl noch finden." Da wir den ganzen Tag einmal ohne nennenswerte Bewegung waren, waren wir beide nicht einmal ansatzweise müde. Ich stimmte zu. Etwas gruselig fand ich dann, wie mir der Sicherheitsbeamte beim Verlassen des Platzes wieder wissend zu zwinkerte.

Avignon ist vollständig von einer Stadtmauer umgeben. Ein Verlaufen ist praktisch nicht möglich. Im Zweifel läuft man immer an der beeindruckenden Mauer entlang, bis man das Tor wieder gefunden hat, durch das man hinein gekommen ist. Schon wenige Meter hinter dem Tor fanden wir ein Café, an dem sogar noch ein Tisch frei war.

Herman sah sich neugierig um. „Nett hier! Das ist also Avignon. Ich denke mal hier werden wir Spaß haben. Aber wir werden ein Pro-

blem mit unseren Sachen haben. Mir ist nicht ganz wohl beim Gedanken daran, wenn wir sie die ganze Zeit unbeaufsichtigt auf dem Campingplatz lassen. Auch nicht, wenn dieser Fleischberg am Eingang den Wachhund spielt."
Ich hatte auch schon über dieses Problem nachgedacht.
„Ich habe da eine Idee. Wir werden Morgen hier zur Polizei gehen und uns als Kollegen ausweisen. Vielleicht können wir ja unsere Sachen, also alles entbehrliche, dort unterstellen."
„Wenn das funktionieren würde, wäre das echt der Knaller." Bestätigte Herman begeistert. „Ich werde mal versuchen etwas zu bestellen. Was heißt ein Gespritztes noch einmal?"
„Panachet!"
„Und dieses andere Zeug?"
„Perroquet!"
„Und: Ich will zwei?"
„Pardons, deux Perroquet s' il vous plait!"

Die Worte immer wieder neu vor sich hin murmelnd, betrat Her man das Café. Wenig später kehrte er stolz mit einem gefüllten Tablett wieder zurück.
„Ha Ha, ich dachte erst sie knallt mir eine, aber hat geklappt!"
Wieder am Tisch goss er uns Wasser in die Pernot Gläser.

Herman sah sich um. „Das ist also Deine Lieblingsstadt?" Fragte er mich nach dem ersten Schluck. „Was heißt schon Lieblingsstadt, ich habe hier viel Zeit verbracht und irgendwie hatte es auch immer etwas mit Frauen zu tun."
Herman drehte uns von seinem Tabak jeweils eine Zigarette.
„Ein guter Ort um über Frauen nachzudenken." sinnierte er den Rauch ausblasend. „Ich meine , die ticken doch nicht ganz sauber. Aber vielleicht ticken wir auch nicht ganz sauber. Oder wir sind alle gemeinsam vollkommen verstrahlt."
Nachdem er einen Schluck Perroquet genommen hatte, setzte er erneut an.
„Ich meine, ich sehe mir so einen Typ, wie Dich an. Wir beide kennen

so ziemlich jede Sorte Mann. Was haben mir die Weiber schon alles erzählt. Impotente, Verrückte, Schläger, Stalker, Langweiler, Voyeure, Angsthasen, Flaschen und so weiter. Dann kommt da so ein Typ wie Du daher. Du haust nicht, Du nutzt sie nicht aus, Du machst auf Liebe und Zack, fangen sie an, an Dir zu basteln."
„Es ist ein Spiel!" Unterbrach ich ihn.
„Ein Spiel? Na ich weiß nicht, ein ziemlich teures schmerzhaftes Spiel, hätte ich keinen Bock drauf."
„Ein Spiel braucht Spielregeln, Spieler, und ein Ziel. Nehmen wir einen Mann und eine Frau. Zwei Spieler! Es ist Wochenende, sie haben sich die ganze Woche nicht gesehen. Also beschließen sie, irgendwo hin zu gehen. Er bestellt einen Platz in einem Restaurant, ein sehr teures Restaurant. Was wird er da nach wohl machen wollen?"
„Ficken!"
„Richtig! Darauf hat sie aber gar keinen Bock, weil ihr der Alte schon lange auf den Keks geht. Instinktiv wird sie anfangen zu nörgeln. Er solle gefälligst nicht soviel Geld ausgeben, die Winterreifen müssen noch bezahlt werden, oder Weihnachten steht vor der Tür, irgendetwas in dieser Richtung. Jetzt wird er genervt sein, weil er wollte ja Spaß haben. Ein Wort gibt das andere. Am Ende rauscht er raus, ab an den Tresen und haut sich die Birne weg. Sie bleibt zu Hause und hat die Bestätigung, er ein ist ein Arsch. Ein Spiel! Beliebig wiederholbar."
„OK! Aber welches kranke Gehirn denkt denn so?"
„Keiner handelt bewusst, aber das Unterbewusstsein leitet das Spiel ein. Da hat sich mal einer richtig Gedanken drüber gemacht, nennt sich Eric Berne, Psychologe, sehr interessante Thesen."
Herman schnaufte verächtlich. „Lernt man das, wenn man so komische Sachen macht, wie Du?"
„Allerdings! Kennst Du Typen, die jedem erzählen, was sie für schlimme alte Verletzungen haben? Dann aber trotzdem versuchen etwas zu bewerkstelligen, logischer Weise aber daran scheitern? Am Ende stehen sie dann da: Sehet her, ich hab ein Holzbein ... aber ich

habe versucht es alleine hinzu bekommen, aber ihr wisst ja, es konnte nicht funktionieren, ein Holzbein halt."
„Käthe?"
„Genau! Und das kann ich auf das gesamte Leben übertragen. Da gibt es ganz viele Spiele. Am schönsten finde ich das Spiel „Alkohol!"
„Wie geht das?"
„Du brauchst zwei Kerle, die trinken. Dann benötigst Du einen Barmann, der ausschenkt. Weiterhin eine Frau, die zu Hause wartet. Jetzt können wir anfangen zu spielen. Die beiden werden sich die Innenbeleuchtung ausschiessen, weil das Leben so gemein zu ihnen ist. Der Barmann schenkt aus und verdient dran. Würden diese Trinker nicht jeden Abend vorbei kommen, hätte er nichts zu verdienen. Also wird er sie bei der Stange halten, ein spendierter Kurzer hier, eine Runde auf das Haus. Dann werden die beiden nach Hause torkeln. Zu Hause bekommen sie das erste Mal Ärger, das Leben ist wieder gemein zu ihnen, keiner versteht sie. Am Morgen werden sie beide einen Kater haben, es wird das nächste Mal Ärger geben." Ich machte eine kurze Pause.
„Das ist jetzt die große Rolle der Frau. Wie auch immer, sie wird Vorwürfe machen, das ist ihre Aufgabe im Spiel. Jetzt werden sich die beiden Freunde anrufen. Sie werden rekapitulieren, wieviel sie eigentlich gesoffen haben und werden sich erzählen, welchen Ärger sie bekommen haben. Und sie werden sich von ihren Ideen berichten, wie sie wieder Gutwetter herstellen wollen."
Herman hatte zu gehört und an der einen oder anderen Stelle wissend gegrinst.
„Ja, aber wo ist das jetzt ein Spiel?"
„Das erkennst Du daran, wenn Du Spielfiguren weg nimmst oder die Spielregeln verletzt. Join the Party! Rufe doch einfach mal nicht an und unterlasse die Aufrechnung, was so alles getrunken wurde. Nimm die Funktion der „Nörglerin" weg, die dann aber auch nicht eine Woche lang von dem Kerl mit schlechten Gewissen hofiert wird. Oder schaffe den freundlichen Barmann ab."
„Verrückt! Aber ich verstehe, es könnte an der einen oder anderen

Stelle sogar funktionieren. Aber mir fehlt immer noch die Brücke zu den Frauen?"

Nachdenklich sah ich auf mein Glas. „Stell es Dir doch einmal ganz praktisch vor. Da rennt eine Tante von einem Typen zum nächsten. Mit ihrem persönlichen Spielplan in der Handtasche. Vollkommen Latte, was sie denn nun eigentlich vorhat. Ihr Borderline ausleben, ihre Frustration auf Männer abarbeiten oder sie will sich vielleicht dadurch selbst bestätigen, Macht!, sie kann jeden Mann unterbuttern. So zieht sie jeden Tag durch die Welt. Zehn mal blitzt sie entweder gleich am Anfang ab oder wenigstens nach dreimal vögeln. Beim elften Mal trifft sie auf den richtigen Mitspieler. Jetzt kann sie ihr Ding abziehen. Wenn Du gut bist, erkennst Du ihr Spiel, machst ein Ende oder Du spielst auf ewig mit."
Herman knurrte einen bedrohlichen Ton durch die Kehle. „Oder Du schnappst Dir eine 9 mm, setzt Dich auf einen Grabstein und ballerst Dir Deine Gehirnmasse in die Botanik!"
Beide dachten wir an Käthe' s Ex, deren dritte Station sich per Dienstwaffe verabschiedet hatte.
„Auch möglich!" antwortete ich. „Es geht aber auch anders herum. Ich habe mal einen alten Zuhälter in seiner Wohnung festgenommen, nachdem er seiner Alten den Kristallascher über den Schädel gezogen hat. Was sagt dieses riesige Monstrum auf der Couch sitzend: Endlich ist Ruhe! So kann das Spiel dann auch enden."
Herman, der bisher immer gerade aus gesehen hatte oder ab und wann einer vorbei laufenden Frau hinter her gesehen hatte, wandte sich mir direkt zu. „Wenn wir oder Du, das alles wissen, warum lassen wir uns dann immer wieder darauf ein?"
Jetzt war es an mir zu grinsen. „Weil wir mehr mit dem Schwanz denken, als mit unseren Gehirnen? Sagte mein Alter Herr schon zu mir: Fließen die Hormone, versagt der Geist!"
„Ha Ha Ha ... ja mit dem Schwanz denken kann ich gut. Hast Du den Arsch der Bedienung gesehen? Mit der würde ich gern mal Dein „Alkohol" Spiel spielen." Herman war wieder ganz in seinem Element.

Er war aber mit dem Thema noch nicht durch.
„Und mit so einem Kram, hast Du Dich bei den verdeckten Ermittlungen beschäftigt?"
„Na, ja ... Manipulation und erkennen, wie man manipuliert gehört zum Handwerk."
„Und die nehmen da echt die ganz jungen Typen?"
„Da verrate ich ja nun kein Geheimnis. Brauchst ja nur den SPIEGEL lesen, da steht ja alles drin."
„Stimmt, da war doch die Geschichte von dem Typen, den sie bei den Zecken eingeschleust hatten. Der dann aufgeplatzt ist, weil er von irgend so einer Tussi wieder erkannt wurde."
„Und wer Fragen zum Thema hat, geht auf die linken Seiten im Internet und bekommt auf dem Tablett die gesamte Taktik serviert." Fügte ich grimmig hinzu. „Viel spannender ist doch, was sie mit den Menschen da machen. Machen wir uns nichts vor, verdeckte Ermittlungen, auch bei den Zecken sind notwendig. Und irgendwie muss man ja einsteigen, kannst Dich ja schlecht hinstellen: Guten Tag! Ich heiße Martin Müller, ich würde gern mal wissen wer bei Euch letzte Woche versucht hat ein paar Polizisten mit Brandfackeln umzubringen? Ach ihr seid die falsche Gruppe, ihr bewerft nur Polizeistationen mit Molotowcocktails und verbrennt dabei die türkische Putzfrau. OK! Auch gut! So läuft es ja nicht. Du musst ganz außen anfangen und Dich immer weiter vor arbeiten. Und das ist nicht lustig."
„Na für mich wäre das sowieso nichts. Mir würden sie den Bullen auf 100 Meter ansehen."
„Wenn Du Dich von der sogenannten Volksküche ernähren musst oder die im Camp schon Pickel im Gesicht bekommen, weil Du ein Snickers futterst. Dir dieses ewig lange Gesülze anhören musst oder schlimmer noch, ihre Texte antun musst. Ich habe mal einen alten Staatsschützer gefragt, wer dieses paranoide Gebrabbel versteht. Der hat nur gelacht, wir und die Verfasser, sonst keine Sau."
Herman lachte mal wieder. Er hatte eine sehr gute Vorstellung davon, was ich meinte. Wahrscheinlich hatten wir alle schon einmal

versucht, eines der Pamphlete vor einer Demo zu lesen. Zumeist ohne nennenswerten Erfolg. Es gibt heute im Internet einen schönen Begriff: Aluhut! Das Wort leitet sich von Verschwörungstheoretikern ab, die sich mittels Aluminiumfolie auf dem Kopf oder an ihren Wänden gegen Strahlen und Gedankenmanipulationen zu wehren. Interessanter Weise treten diese Aluhüte verstärkt in Großstädten auf, Großstädte produzieren Neurotiker, das war schon immer meine Auffassung. Ich erinnere mich an einen Mann, der bei mir mal eine Anzeige erstattete, weil er immer Kopfzeichen hörte, die er dem BND zu ordnete. Ein älterer Kollege sprang mir zur Seite und brachte dem Mann ein ganz besonderes Klopfzeichen bei, welches er künftig nur an die Wand geben müsste, dann hätte er seine Ruhe. Es wäre das Klopfzeichen des MOSSAD und davor haben alle Angst. Der Mann war glücklich und bedankte sich sogar eine Woche später bei mir.

„Aber wen schicken wir und wie hoch ist der Preis?" hakte Herman nach.

„ Ich sag es Dir. Wir schicken junge Menschen im Alter von 25 Jahren in die Szene, die selbst noch gar nicht so genau wissen, wo sie denn eigentlich hin gehören." Ich rief die Bedienung herbei und bestellte eine weitere Runde Getränke. Herman entschuldigte sich kurz zur Toilette. Nachdem er sich wieder gesetzt hatte, nahm ich einen Schluck, von dem zwischenzeitlich eingetroffenen Bier, welches ich bestellt hatte.

„Der durchschnittliche Linke, gewaltbereite oder wenigstens Sympathisant, hat Abitur und ist auf der Orientierungssuche. Und da schicken wir einen politisch nicht ausgebildeten jungen Typen oder Frau hin. Der geht für Jahre innerlich kaputt. Ich kenne mehr als einen, der noch Jahre danach vollkommen paranoid ist. Und dann passieren solche Dinge, wie mit diesem Verdeckten Ermittler, der sofort die Arme hoch gerissen hat."

„Was ist da passiert?"

„Sie hatten Hinweise, dass er nicht sauber ist und haben ihn zu einer Sitzung in eine Kneipe eingeladen. Er hat davon leider niemanden et-

was gesagt. Jedenfalls haben sie ihm auf den Kopf zu gesagt, sie halten ihn für einen Spitzel, mit Klarnamen, Geburtsort, Schule und allem drum und dran. Anstatt er einfach aufsteht und geht, bleibt er sitzen und fängt an sich zu rechtfertigen, schlimmer noch, rückt sogar die Telefonnummer seines Führungsbeamten heraus." Schon beim Reden war ich aufgestanden, da ich das Gefühl hatte mich bewegen zu müssen. Außerdem dürstete es mich längst nach einem stärkeren Drink. „Cuba Libre!?" fragte ich vor Herman stehend.
„Ja, aber ohne Duschen!"
„Weißt Du Herman, es geht nicht um Selbstmitleid! Es geht um Systemkritik und es geht ums Mitmachen. Ich hatte das Gefühl Täter zu werden, wider besseren Wissens Menschen ins Verderben zu schicken."
„Aber Fackel, läuft es darauf nicht immer heraus? Du kannst ja die Straße nicht einfach brennen lassen. Also brauchst Du jemanden, der dazu bereit ist, seine Leute da heraus zu schicken, im Wissen, es ist nicht sonderlich gesund. Und sei nicht sauer Kleiner, wenn ich die Option habe zwischen Opfer und Täter, bin ich lieber der Täter. Ich finde ja diesen Helmut Schmidt sehr gut. Da war mal so eine Reportage über die Landshut Entführung. So was finde ich ja immer cool, solche Reportagen. Na der hat gesagt: Es ist halt wie im Krieg. Auch da müssen sie Verluste einkalkulieren, wenn dies die einzige Chance ist, einige ihrer Männer zu retten. Ein Politiker und seine Familie gegen über einhundert Passagieren und ihren Familien. Sie können nur Schuld auf sich laden, einen Ausweg gibt es nicht." Er nippte am Cuba Libre und fuhr mit einer ausholenden Handbewegung fort. „Am Ende hat man doch immer die Wahl, mit machen oder sein lassen. Wenigstens wir, haben die Wahl. Das sagst Du doch auch immer: Nicht Ich habe etwas mit Dir gemacht, sondern Du hast etwas mit Dir machen lassen! Jeder Pimmel da draußen, den wir umgehauen haben, hat die Wahl gehabt. Er hätte es bleiben lassen können oder er muss eben die Konsequenzen seines Handelns tragen."

Während wir uns gegenseitig philosophisch befruchteten, fiel mir ein ziemlich drahtiger Glatzkopf vor der Tür unseres Café auf. Im Hosenbund trug er ein Paar Handschellen und ein Paar mit Quarzsand gepolsterte Handschuhe, offensichtlich eine Art Türsteher. Während ich ihn verstohlen beobachtete, hielt ein Wagen der Police National am Straßenrand vor dem Café. Durch die Dunkelheit konnte ich nicht in das Innere des Fahrzeugs schauen. Sehr gut erkennbar waren aber die nackten Arme, die einem Kinderoberschenkel alle Ehre gemacht hätten. Der Türsteher klatschte rund um das Auto mit allen vier Armen ab und beugte sich kurz ins Innere. Gleich danach lief er eilig in das Café und kam mit vier Bieren wieder zurück, die nach und nach im Auto verschwanden.
Herman war voller Bewunderung. „Geil! So will ich auch Dienst machen!"
Der Wagen setzte sich wieder in Bewegung. Unser Türsteher nahm auf einem Barhocker vor dem Lokal Platz.
„Hier ist die Welt noch in Ordnung." Im Verlaufe des Abends hatten wir dann noch die Gelegenheit die Jungens in Aktion zu erleben.

Zwei weitere Cuba Libre später verließen wir das Café und liefen durch das in ein angenehmes gelbe Licht getauchte Avignon. Ich zeigte Herman den hell angestrahlten Papstpalast, der nachts noch prächtiger wirkte als am Tage. Auf einer der etwas größeren Hauptstraßen weckte ein lautes Gebrüll unsere Neugierde. Als wir näher kamen, sahen wir zwei typische Engländer, die in ihrem Suff versuchten eine Straßenlaterne auszutreten. Wie sich heraus stellte, mit Sicherheit nicht eine ihrer besten Ideen in dieser Nacht. Von vorne rollte der uns schon bekannte Wagen der Police National mit abgeblendeten Licht heran. Auf der Höhe der beiden Randalierer flogen die Türen auf und in innerhalb kürzester Zeit, lagen die beiden übel zugerichtet auf dem Boden. Zuvor war einer der beiden direkt mit dem Kopf zuerst gegen die Laterne geflogen. In völliger Fehleinschätzung der Lage, kam der eine Engländer auf die zweite schlechte Idee des Tages. Er brüllte vom Boden her die Polizisten an. „You are dirty

Sons of a Bitch!" Nun gut, soviel Englisch konnten die französischen Kollegen dann doch noch. Diese etwas unüberlegten Worte führten dazu, dass einer der in hell und dunkelblau uniformierten Hünen mit ihm in einem Hausflur verschwand. Ohne den Engländer kam der Hüne dann wieder heraus und stieg ohne weitere Maßnahmen zusammen mit den anderen wieder ins Fahrzeug.

„Wie sagte ich vorhin? Jeder Pimmel da draußen hat die Wahl. Nur das die Konsequenzen hier ziemlich nachhaltig sind, die machen vorläufig nichts mehr kaputt. Sehr geil!" Wir beschlossen die Nacht zu beenden, das Gesehene hatte dann doch einen ziemlichen Eindruck bei uns hinter lassen. Es sei auch erwähnt: Wir gingen an unserem Wachmann am Zeltplatz sehr respektvoll vorbei.

Am Morgen des nächsten Tages erkundeten wir zunächst die nähere Umgebung. Wenige Meter vom Camping Platz entfernt sprach uns ein eigentlich ganz gut gekleideter Mann in unserem Alter an. Ich habe bis heute noch nicht verstanden, warum er ausgerechnet uns ansprach, denn wir sahen mit unseren Wanderklamotten nicht gerade vertrauenserweckend aus. Trotzdem lud uns der Mann zu einer Partie in den Abendstunden ein, die Location befand sich in unmittelbarer Nähe zum Camping Platz.
„Was wollte der denn schon wieder?"
„Er hat uns zu einer Partie heute Abend eingeladen, keine Ahnung wie wir zu dieser Ehre gekommen sind." „Ach so?" Zeigte sich Herman ebenfalls ein wenig erstaunt. „Vielleicht endlich mal ein Fachmann, der erkennt, wie teuer meine Schuhe waren."

Zunächst galt es jedoch unsere Sachen in Sicherheit zu bringen. Also machten wir uns auf den Weg zur Polizei. Die anfängliche Skepsis uns gegenüber, wechselte nach Zeigen meines Dienstausweises in überschwängliche Freundlichkeit über. Um so enttäuschter war ich, nach dem die eine Kollegin nach einem Telefonat mir bedauernd mitteilte, wie der Dienststellenleiter ihr gesagt habe, wir sollen unsere Klamotten gefälligst im Bahnhof einschliessen. Doch dann stand im hinteren Bereich der Wache ein Kollege auf, der das Aussehen eines

Jean Gabin hatte. Er runzelte die Stirn und hob die Augenbrauen. Unmissverständlich machte er mir nonverbal klar, was er von der Etage über sich halten würde und er hier unten auf der Wache das Sagen habe. Er bot uns an, unsere Rucksäcke neben die Waffenschließfächer zu stellen, sie aber spätestens nach vier Tagen wieder einzusammeln. Länger wollten wir ohnehin nicht bleiben. Ich bedankte mich mit einer Spende in die Kaffeekasse. Hierarchien funktionieren offensichtlich international gleich, aber diese Erkenntnis war nun nicht wirklich neu.

Befreit vom Ballast erkundeten wir die Stadt. Jede Menge kleine freundliche Geschäfte, natürlich auf Tourismus ausgerichtet und eine Unmenge alter Steine. Aber eines zeigte sich mir auch, die Zeit der offenen Kulturfestspiele war vorbei. Vereinzelt gab es Kleinkünstler, die ihre Darbietungen auf der Straße zeigten, doch der Hauptteil beschränkte sich auf organisierte Veranstaltungen innerhalb der Mauern des Papst Palastes oder in den zahlreichen Theatern. Meine Erinnerungen waren dann doch sehr verklärt. Aber ich erwische mich heute noch dabei, wie beim Gedanken an Avignon auch ein innerer Soundtrack mitschwingt. Stets denke ich dann an das Lied von Maxim Leforestier – La maison Bleue. Auch wenn er in dem Lied von einer Hippie WG in San Francisco singt, irgendwie gibt dieses Lied für mich dieses Lebensgefühl wieder, welches ich in den 80ziger Jahren in Avignon kennengelernt hatte.

Die Stunden verflogen recht schnell. Wir mussten uns zum Abend hin bei Nahe beeilen, um noch pünktlich zur Partie zu kommen. Tatsächlich waren wir offensichtlich die einzigen Gäste, die nicht aus Avignon oder Umgebung kamen.

Den Auftakt machte eine sehr gute Placebo Coverband. Schnell wurde ein Tisch frei gemacht und ein paar Mädels begannen auf den Tischen zu tanzen. Eine von ihnen schwang ihr Hinterteil genau vor Herman hin und her. Herman konnte seine Begeisterung nicht zäumen und da er davon ausging nicht verstanden zu werden, hielt er sich mit seinen Kommentaren auch nicht zurück.

Während alle anderen um uns herum von relativ kleiner Statur waren, stand nun ausgerechnet neben Herman ein Mann, der ihm in nichts nach stand. Zu meinem Entsetzen fragte mich dieser im besten Deutsch, wo wir beide denn her kommen würden. Es war schon wieder ein Elsässer. Schlimmer noch, es war der Freund der schönen Tänzerin auf dem Tisch. Aber das Gute war, der Mann hatte Humor. Nachdem ich Herman gewarnt hatte kam es schnell zu einer Unterhaltung. Er zeigte sich interessiert an unseren Erlebnissen, gab uns aber den Rat, insbesondere mir, doch Avignon einmal im Herbst zu besuchen, da im Sommer alle Einheimischen vor den Touristen flüchten würden.

Wir feierten ziemlich lange und landeten sehr zufrieden in unseren Schlafsäcken. Nach den Wochen der Einsamkeit, ohne Musik und Fernsehen, hatte dieser Abend uns wirklich gut getan. Beim Einschlafen beschloss ich, am nächsten Tag noch etwas zu erledigen, was ich nur alleine tun konnte.

Mein persönliches Ende - oder mein Anfang

"Ich sehe, dass nicht das falsch ist, was man tut, sondern das, was man wird. Es ist gut, das gelernt zu haben." -De Profundis – Oscar Wilde

Es gäbe sicherlich noch vieles über Avignon zu erzählen, viele Menschen die wir noch kennen lernten, viele tiefgründige Gespräche, die wir innerhalb der uns noch bleibenden zwei Tage führten. Doch nach einigem Nachdenken, habe ich festgestellt, der Trip und vor allem die Bedeutung für mich selbst, ein Ende fand, als zwei Geschichten zu einander fanden.

Es war die geistige Begegnung zwischen einem fünfzehnjährigen Pubertierenden und einem erwachsenen Mann. Ich ließ Herman für ein paar Stunden alleine auf dem Zeltplatz und machte mich auf den Weg nach Villeneuve-lez-Avignon. Dort gibt es unter der Adresse 7 Chemin de la Justice immer noch eine Herberge des YMCA Frankreich. Hier hatte ich als fünfzehnjähriger Bengel gewohnt. Lächelnd lief ich an dem Bahndamm vorbei, an dessen Hang ich meine Unschuld verloren hatte. Nachdenklich stand ich wenige Meter später vor dem Eingangstor. Ich traute mich und ging hinein. Wenig hatte sich in den immerhin fast dreißig Jahren verändert. Es gab immer noch den mittig gelegenen Pool, die wie bei einem Atrium angeordneten Häuser rund herum und den versteckten Weg zum Haus des Gründers. Der Begründer des Hauses war ein ehemaliger Deutscher Soldat, der wegen einer Kopfverletzung in Frankreich geblieben war. Als ich ihm erzählte, wie mein Großvater ebenfalls in Südfrankreich seine Kriegsgefangenschaft verbracht hatte, schenkte er mir eine Flasche Rotwein, die ich unbedingt meinem Großvater schenken sollte. Ich setzte mich auf einen der Blumenkästen am Rande des Pools und Tränen rannen über mein Gesicht.

Ich sah mich dort in dem Pool schwimmen, den Kopf voller Blödsinn, der angeblich achtzehnjährige Kerl, der braun gebrannte Sonnyboy. Der Junge, der dort in diesen vier Wochen südfranzösische Lebensweise angefangen hatte zu lieben. Der seit dieser Zeit Rotwein zu schätzen wusste. Zum Käseliebhaber wurde, Chansons hörte und den es immer wieder nach Frankreich zurück zog. Mir fielen die Worte von Herman wieder ein. „Nicht Ich habe etwas mit Dir gemacht, Du hast mit Dir etwas machen lassen." Ja, so war es! Nicht die Polizei hatte etwas mit mir gemacht, ich hatte es zugelassen. Ich konnte für rein gar nichts jemanden anderen die Schuld geben.

Plötzlich sah ich wieder diese wilde Truppe, die ein paar Mädels hinter gereist waren. Wilde Typen, mit ihren Motorrädern auf dem Weg nach Barcelona, die mal kurz bei ihren Freundinnen Zwischenstopp machten. Wie hatte ich sie bewundert. Keiner hatte mir die Waffe an den Kopf gehalten und mich dazu gezwungen zu heiraten. Niemand hatte mich dazu getrieben bei der Polizei anzufangen. Keiner hätte mich ernsthaft dazu zwingen können, mein gesamtes Leben auf die Polizei auszurichten, mir meine gesamte Anerkennung über ein Stück Blech und die Macht eines Dienstausweises zu holen. Ich wollte immer noch tiefer im Dreck wandeln, keine Güllegrube war tief genug für mich, angetrieben von der Sucht, jedem meine Überlebensfähigkeit zu beweisen. Ich musste immer besser sein als die anderen, härter, schlauer und überlebensfähiger. Andere haben es nicht getan und haben trotzdem ihr Geld verdient. Niemand hatte mich gezwungen, meine Töchter nicht im Sinne dieses verrückten pubertierenden angehenden Weltenbummlers, der es dann nie wurde, zu erziehen.

Doch wenn nun jemand glaubt, ich hätte dort am Pool damals die Konsequenzen gezogen, der unterschätzt die Hartnäckigkeit eingefahrener Verhaltensweisen. Es folgte erneut eine Zeit, in der ich mich zum Erfüllungsgehilfen anderer machte oder wenigstens als Mitspieler agierte. Ich begab mich erneut in eine Hierarchie, die nicht meine war. Bis an den Tag, als mein Körper rebellierte. Nun sitze ich hier und liefere dem Jungen, der dort damals in Avignon startete, mit diesen Zeilen hier Rechenschaft ab.

Meine Wanderung endet eigentlich hier und jetzt mit diesen Zeilen. Ich stelle den Rucksack mit dem literarischen Inhalt hier ab. Zeilen in denen ich dem Jungen in Avignon verspreche, wir werden wieder zusammen ins Wasser springen und die Abenteuer erleben, die wir immer erleben wollten und ich vielleicht dann diese berichten kann.

ENDE